LA CALLIGRAPHIE ET LA MINIATURE

à **LANGRES**

à la Fin du Quinzième Siècle

(Extrait des Mémoires de la Société Historique et Archéologique de Langres)

TIRÉ A PART A 50 EXEMPLAIRES

LA CALLIGRAPHIE ET LA MINIATURE

à LANGRES

à la Fin du Quinzième Siècle

HISTOIRE ET DESCRIPTION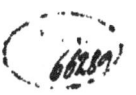

du Manuscrit 11,972-11,978 du Fonds Latin

DE LA

BIBLIOTHÈQUE NATIONALE

PAR

L'Abbé L. MARCEL

CHANOINE HONORAIRE

PRÉFET DES ÉTUDES AU PETIT SÉMINAIRE DE LANGRES

ASSOCIÉ CORRESPONDANT NATIONAL DE LA SOCIÉTÉ DES ANTIQUAIRES DE FRANCE

PARIS

ALPHONSE PICARD, LIBRAIRE-ÉDITEUR

82, RUE BONAPARTE, 82

1892

LA CALLIGRAPHIE ET LA MINIATURE

à LANGRES

à la Fin du Quinzième Siècle

HISTOIRE ET DESCRIPTION

du Manuscrit 11,972-11,978 du Fonds Latin

DE LA

BIBLIOTHÈQUE NATIONALE

« Un cloître sans bibliothèque, disait-on au moyen-âge, est comme une citadelle sans munitions : *Claustrum sine armario quasi castrum sine armentario* »[1]. La vérité de cet adage n'a peut-être nulle part été mieux comprise, en France, qu'à Saint-Mammès de Langres, du IXe au XVIe siècle. Un fait indéniable, du moins, c'est que pendant toute cette époque, le Chapitre de cette église montra pour les livres un goût aussi vif qu'éclairé.

Beaucoup de ses membres avaient alors leur bibliothèque privée. Témoin, par exemple, ce Gui, archidiacre de Langres, qu'un document récemment mis au jour nous montre ayant en « sa garde », dès le Xe siècle, divers ouvrages de droit, d'exégèse, d'histoire, de grammaire et de littérature, en particulier les œuvres de Virgile[2]; témoin aussi, ce

---

[1] D. Martène, *Thesaurus novus anecdotorum*, t. I, p. 502.

[2] Voir Léopold Delisle, *Mélanges de Paléographie et de Bibliographie* (Paris, 1880, in-8°), pages 193-197. — Voici le texte de cette espèce de Catalogue que l'éminent Directeur de la Bibliothèque Nationale a découvert sur le dernier feuillet d'une Vie d'Alexandre, au Museum Meermanno-Westrenianum de La Haye : « Sunt in custodia Wuldonis archidiaconi Lingonensis isti libri quorum hæc sunt nomina : Orosius, ab urbe condita. — Capitula Karoli Magni sive Luduici Augusti vel Clotarii

chanoine Frédéric[1] et ce doyen Jacques d'Audeloncourt ou d'Andelaincourt[2], qui, quatre cents ans plus tard, léguèrent par testament à l'abbaye de Clairvaux un certain nombre de volumes dont quelques-uns sont encore conservés dans nos dépôts publics ; témoin, également, ce Jean de Saffres, le jeune, qui au moment de sa mort, en 1365, se trouvait en possession d'un nombre considérable de livres religieux et profanes dont le très curieux catalogue a jadis été publié par M. Jolibois[3] ; témoin, enfin, ce grand chantre de Saint-Mammès, Pierre de Brenne[4], dont les manuscrits devinrent en partie, après lui, la propriété de l'abbaye de Saint-Victor.

Mais si bien fournies qu'aient été, à cette époque, les bibliothèques particulières des chanoines langrois, leur richesse n'était pas à comparer à celle de la *Librairie* du Chapitre lui-même.

Situé au premier étage du bâtiment carré par lequel, avant la Révolution, se terminait du côté de l'ouest, la galerie du cloître, contiguë à la cathédrale[5], cet établissement

---

Cesaris. — Exposicio super Isayam. — Gesta Francorum. — Virgilius. — Exmaradus. — Lex Reboariorum sive Alemannorum. — Prissianus minor. — Euticius. » Une note absolument semblable, dit M. Delisle, se trouve à la fin d'un Manuscrit de lois barbares qui, après avoir appartenu aux Jésuites du Collège de Clermont, à Meermann et à Koller, a été acquis en 1862, par la Bibliothèque centrale de Varsovie. — Pour leurs achats ou emprunts de livres, les chanoines de Saint-Mammès s'adressaient alors volontiers au monastère de Saint-Bénigne de Dijon. Voyez nos *Livres liturgiques du Diocèse de Langres*, p. 6.

[1] Frédéric mourut en 1299. Il était chanoine depuis 1280. Les manuscrits 83, 113 et 220 de la Bibliothèque de Troyes, et 17 de la Bibliothèque de l'École de Médecine de Montpellier portent cette mention : « *Istum librum dedit conventui Clarevallis pro remedio anime sue Fridericus canonicus Lingonensis.* »

[2] Jacques d'Audeloncourt fut doyen de 1349 à 1356. Avant d'occuper cette dignité, il avait été conseiller et chancelier d'Eudes IV de Bourgogne. Charlet, auquel nous empruntons ce détail, ajoute qu'il était « docteur ès-droits. » (*Hommes illustres de Bourgogne au diocèse de Langres.* [Copie de la Société archéologique de Langres], p. 107). C'est ce qui nous explique la prédominance des ouvrages de jurisprudence dans sa bibliothèque. L'inventaire de cette riche collection est à lire. On le trouvera au t. XV des Manuscrits de l'abbé Mathieu, p. 498 et suiv. Les Manuscrits 148, 278, 608, 640 et 1,000 de la Bibliothèque de Troyes proviennent de Jacques d'Audeloncourt. A la fin du dernier se lit cette note : « *Iste liber vocatur Summa Rolandi data monasterio Clarevallis per venerabilem decanum domnum Jacobum de Audelencuria cujus anima requiescat in pace.* » Les autres volumes renferment des *ex-dono* libellés à peu près dans les mêmes termes.

[3] Dans le *Bulletin archéologique du Comité historique des Arts et Monuments*, t. IV (Paris, 1844-1845), pages 329-336. Voir nos *Livres liturgiques*, pages 36-37.

[4] Léopold Delisle, *Cabinet des Manuscrits de la Bibliothèque Nationale*, t. II, p. 219. — Les nos 11,240, 11,244, 11,257, 11,350, 11,002 et 14,124 du fonds latin de la Bibliothèque Nationale, ont été la propriété du savant grand chantre langrois. La façon dont il s'était procuré ce dernier ouvrage est ainsi indiquée au fol. 160 v° : « *Ce livre est à M. Pierre de Brenne pour quarante cinq soulz neuf deniers que doit Maistre Jehan de Saint-Belin, demeurant à Langres, desquelz a respondu le dit de Brenne et ne les veut pas paier pour cause. — Ego Johannes Hemonis nationis Andegavensis, librarius Parisius vendedi* (sic) *hunc librum venerabili viro de Brend, cantori Lingonensi die XIX Marcii anno M° CCCC° XXV° quem promitto garentizare teste signeto meo manuali hic apposito anno et die predictis. J. Hemonis.* » De Pierre de Brenne proviennent encore les Manuscrits T. 110 et J. 430 de la Bibliothèque Mazarine. Sur les gardes de ces deux volumes, on lit : « *Ex legato bone memorie deffuncti magistri Petri de Brena quondam doctoris in decretis.* » Cfr. sur ce chanoine bibliophile nos *Livres liturgiques*, pages 7-8. — Voir dans Pellechet (M.) : *Les Incunables de la Bibliothèque publique de Dijon.* (Dijon, Lamarche, 1886, in-8° de VIII-171 pages), la curieuse histoire d'un exemplaire des *Acta concili Constantiensis* qui, au XVI° siècle, appartint à Prudent de Récourt, trésorier de l'Église de Langres.

[5] On y accédait par un escalier de pierre qui débouchait à l'intérieur de la cathédrale sur une porte aujourd'hui condamnée, mais dont la place est encore visible dans le mur du bas côté méridional de Saint-Mammès, en face de la *Pothière*.

— qui, pour le dire en passant, mériterait d'avoir son historien — avait mis longtemps à se former.

Plusieurs chanoines contribuèrent successivement par leurs legs à l'augmenter. Parmi ces généreux et intelligents donateurs, on doit citer: Antoine Guillaume ou de Brouille, qui, en mourant (1422), abandonna, dit Charlet [1], « sa bibliothèque de rares manuscrits à son Chapitre [2] »; Gilles d'Argenteuil dont les ouvrages de droit civil reçurent en 1471, une destination identique [3]; Michel Miniclard, ancien grand-maître du Collège de La Marche, qui en léguant à ses confrères ses livres de théologie — *libros theologales* [4] — recommanda (1472), selon la coutume du temps, de les enchaîner [5]; Étienne de Clémengis qui laissa à Saint-Mammès plusieurs volumes, entre autres, les « Épitres » de son parent, le célèbre Nicolas de Clémengis [6]; Denis Saulaye, auquel la même église fut redevable, en 1529, d'un superbe psautier [7]; Antoine Thibaut, enfin, fervent collectionneur, qui, en 1677, céda les nombreux ouvrages qu'il avait rassemblés, pour fonder son anniversaire.

Les évêques de Langres, on le devine sans peine, voyaient avec plaisir s'amasser ainsi graduellement à l'ombre de leur cathédrale ce précieux trésor bibliographique. Eux-mêmes travaillèrent à le grossir. C'est ainsi, par exemple, qu'en 1510 le Chapitre hérita de la bibliothèque que Jean I d'Amboise lui avait donnée par testament, dès 1498, et dont son neveu, Jean II, avait eu jusque-là l'usufruit [8].

---

[1] *Langres scavante*, v° Brouille, p. 3. — Cfr. Vignier : *Décade historique du Diocèse de Langres*, I Part. livre III, ch. 25.

[2] Parmi ces manuscrits figurait, si on en croit l'abbé Roussel (*Le Diocèse de Langres*, t. IV, p. 87) : *Liber pulcherrimus qui dicitur Catholicon*. Il s'agit ici, bien évidemment, du fameux dictionnaire que le dominicain Jean de Gênes composa en 1286, et qui, au moyen âge, se trouvait à peu près dans toutes les bibliothèques. Voir Quétif et Échard : *Scriptores ordinis prædicatorum*, t. I, p. 462 et t. II, p. 818; *Histoire littéraire de la France*, t. XXII, pages 13-15, et surtout : Berger (S.) : *De glossariis et compendiis exegeticis quibusdam medii ævi* (Paris, Berger-Levrault, 1879, in-8°) pages 25-28. L'estimable auteur du *Diocèse de Langres* commet donc une erreur lorsqu'il affirme (*ibid.*) qu'on « se servait du Catholicon à l'ambon de Saint-Mammès pour chanter les Répons aux fêtes solennelles. » Il a pris un lexique pour un livre d'Église.

[3] Roussel, *op. cit.* t. IV, p. 89.

[4] Voir, à la Bibliothèque de Langres (E. 494), l'Obituaire manuscrit de St-Mammès, t. I, p. 90.

[5] La Bibliothèque nationale possède un de ces volumes si jalousement gardés. C'est un fragment d'un manuscrit du XV° siècle (Français, 15103). — Sur l'incaténation des livres au moyen âge, on peut lire : Lalore (abbé) : *Notes sur les mesures prises pour la conservation des manuscrits dans le diocèse de Troyes du XI° au XV° siècle* dans les *Mémoires de la Société académique de l'Aube*, t. XL (1876) pages 100 et suiv.

[6] Vignier (*Décade hist.* I° Partie, liv. III, ch. 15) Cfr. Charlet : *Hommes illustres de la cathédrale*, p. 109. — Vignier, au lieu de Nicolas de Clémengis, écrit « Pierre de Clémengis ». Évidemment il y a là un *lapsus*.

[7] Cfr. nos *Livres liturgiques*, p. 82, note 4.

[8] Obituaire déjà cité, t. II, p. 103. Voir nos *Livres liturgiques*, pages 121-122.

Une dernière source, enfin, d'accroissement pour la *Librairie* de Saint-Mammès, ce furent les dons des étrangers. L'amour des chanoines de Langres pour les livres était connu et pour le satisfaire il arrivait bien souvent que, comme solde, les personnes qui désiraient faire une fondation dans leur église, au lieu d'argent, leur offraient des manuscrits. Tel fut, en particulier, en 1477, le cas du prieur de Bar-le-Duc, Louis Portier, qui envoya au Chapitre pour l'établissement, au 25 Août, de la commémoraison de S. Louis, son patron, deux volumes intitulés : *Musa Hugonis de Orchiis* [1].

Plusieurs de ces curieux manuscrits, si soigneusement recueillis, furent détruits dans l'incendie qui, le 18 Avril 1562, dévora une partie la cathédrale [2]. Il en resta cependant assez pour qu'en 1644 le P. Louis Jacob, très ménager, comme l'on sait, d'épithètes louangeuses, rangeât la « librairie » capitulaire de Langres parmi celles qui méritent « quelque estime » [3]. Cette estime, hélas ! devait bientôt manquer d'objet. Dans les dernières années du XVII° siècle, oublieux du dicton que nous citions en commençant, le Chapitre vendit ou, pour mieux dire, donna sa bibliothèque à un libraire pour la somme de deux mille livres [4].

Que sont devenus les livres qui la composaient ? La plupart ont péri. Un petit nombre pourtant existe encore aujourd'hui [5] et c'est de l'une de ces rares épaves que nous nous proposons de traiter dans ce mémoire.

---

[1] Roussel, *op. cit.* t. IV, p. 61. — Louis Portier était un grand amateur de livres. Plusieurs Mss. de la Bibliothèque de Saint-Mihiel portent son *ex-libris*. Voir en particulier les n°s 5, 38, 44, 45. Ce dernier volume est un recueil factice de plusieurs ouvrages. On lit sur les gardes : « *Liber fratris Ludovici Portier monachi Sancti Michaelis de Sancto Michaele in Barro. Quem scripsit ipse in tempore quadragesimae anno Domini M° CCCC° XXXVIII. Auferenti sit disciplina. Anathema sit qui injuste hunc detraxerit.* » — Quatre ans avant qu'eût lieu la donation de Louis Portier au Chapitre de Saint-Mammès, dont nous venons de parler, un médecin zélandais, mort à Langres au mois de Juillet 1473, avait légué à la même compagnie, pour son anniversaire, un traité intitulé : *Hugonem lingonensem super Nicolao*. Cfr. Jolibois : *La Haute-Marne*, V° *Hugues de Langres*.

[2] C'est du moins ce qu'affirme Gautherot (*Anastase de Langres*. Langres, Jean Boudrot, 1649) : « L'incendie de l'église cathédrale, dit-il, ainsi que je l'ai appris d'un élégant poème épique, composé par Maistre Nicolas Lallemagne, prestre prébendé en ladite église, sur le subjet de cet embrasement inopiné, nous a privé de quelques manuscrits des Évesques, doiens, archidiacres et autres tant lais gardés en la Bibliothèque sacrée, comme le sieur Dutillet en son *Recueil des Rois* fait mention d'un viel livre des Concordances des quatre Évangélistes en latin et bas allemand gardé en ladite librairie..... » (p. 186).

[3] *Traicté des plus belles bibliothèques publiques et particulières qui sont à présent dans le Monde, par le père Louis Jacob, chalonnais, religieux carme* (Paris, Le Duc 1644, 2 vol. in-8°), Ch. XCIII.

[4] Le bâtiment qui pendant tant de siècles avait servi à l'abriter fut converti en salle de dépôt pour les vitraux de la cathédrale. — Il ne faut pas confondre la Librairie avec les Archives du Chapitre. Celles-ci subsistèrent jusqu'en 1790. En 1708, Dom Martène et Dom Durand furent admis à les visiter et « y prirent des Mémoires » (*Voyage littéraire de deux Bénédictins de la Congrégation de Saint-Maur* [Paris, Delaulne et Montalant, 1717-1724] t. I p. 136). Elles étaient si considérables qu'en 1767, le Chapitre, sommé par Monseigneur de Montmorin — avec lequel il était en procès au sujet de la reconstruction du portail de la cathédrale — d'avoir à lui donner communication de diverses pièces de son chartrier, répondait que ce chartrier renfermait tant de titres que pour trouver les documents réclamés, il faudrait plus de « dix ans » de recherches. (Voir là : *Mémoire* [de MM. l'abbé Terray, rapporteur, Bigot de Sainte-Croix, avocat, et Clément de Ris, procureur) *signifié pour les doyens, chanoines et Chapitre de l'Église de Langres contre M. l'évêque de Langres appelant* [Paris, de l'Imprimerie de L. Collot, rue Dauphine, 1767], p. 24.)

[5] Voyez nos *Livres liturgiques*, passim. — Au fonds latin de la Bibliothèque Nationale est conservé sous le N° 12,132 un manuscrit carolingien de S. Hilaire qui a appartenu à Saint-Mammès comme le prouve cette curieuse inscription : « *Almi*

L'ouvrage dont nous voulons parler forme les nᵒˢ 11,972 à 11,978 du fonds latin de la Bibliothèque nationale. Les sept volumes, dont il se compose, mesurent chacun 256 sur 185 millimètres et étaient autrefois protégés par une reliure en bois qui a été remplacée, sous le règne de Louis-Philippe, par une assez médiocre demi-reliure en veau. Ce qui en fait l'intérêt ce n'est ni leur contenu ni leur exécution chirographique. Ils renferment les *Postillæ perpetuæ in Vetus et Novum Testamentum*, du franciscain Nicolas de Lyra [1]. Or, personne n'ignore que le texte de ces Postilles est extrêmement commun. On en a fait depuis 1471-72 [2] de nombreuses éditions et, à l'état de manuscrit il en existe des exemplaires fragmentaires ou complets dans la plupart des bibliothèques de France. La transcription du nôtre, à la vérité, a été très soignée. Le texte est sur deux colonnes. L'écriture est la minuscule gothique semi-cursive du milieu du XVᵉ siècle, mais une gothique à main posée. Noire dans le corps même de l'ouvrage, rouge dans les titres de livres et les chiffres des chapitres, bleue, rouge et or dans les initiales, elle est à la fois facile à lire et agréable à voir. Le parchemin employé par le manuscripteur, il faut aussi le reconnaître, est d'une finesse remarquable. Dans tout cela, cependant, nous tenons à le répéter, il n'y a rien que d'assez ordinaire, rien qui classe nos *Postillae*, comme on dirait de l'autre côté du Rhin, parmi les « oiseaux rares de la paléographie ». Ce qui, selon nous, mérite de fixer sur elles l'attention du lecteur, c'est d'une part, leur histoire, et d'autre part leur illustration. L'une et l'autre, on va le voir, sont tout à fait curieuses.

Mammetis sum. Hunc librum dedit amicus, indignus sacerdos, almo Mammeti pro redemptione anime sue, VIII idus Augusti. Propterea omnes qui legerint dicunt: Largitori venia, utenti gratia, fraudatori anathema ». Léopold Delisle : *Cabinet des manuscrits de la Bibliothèque Nationale*, t. II, pages 374-75. — La bibliothèque de l'École de Médecine de Montpellier, d'un autre côté, possède un Recueil du IXᵉ siècle, auquel Chifflet qui en a tiré les fragments de S. Fulgence insérés par lui dans son : *Scriptorum veterum de Fide catholicâ quinque opuscula* (Dijon 1656 in-4°), appelle quelque part : « Codex Lingonensis ». Avant d'appartenir au Chapitre de Langres, ce codex avait fait partie de la bibliothèque de Saint-Claude. De la librairie de Saint-Mammès il passa dans le cabinet du président Bouhier, où il était coté E. 13.

[1] Né en 1271 à la Neuve-Lyre (Eure) et mort à Paris le 23 Octobre 1340, Nicolas était issu de parents juifs. Il commença à étudier avec les rabbins. Plus tard il se convertit au christianisme et se fit frère mineur vers 1292. Il fut reçu docteur à Paris où, pendant de longues années, il expliqua l'Ecriture sainte dans le grand couvent de son Ordre. Sur ce personnage et sur son système éxégétique on peut consulter Wadding : *Annales ordinis Minorum* (Rome, 1731-1745, 19 vol. in-fol.) t. V, pp. 264 et seqq. — Le Clerc (J. V.) : *Histoire littéraire de France*, t. XXIV. — Trochon (abbé Ch.) : *Essai sur l'histoire de la Bible dans la France chrétienne au moyen âge* (Paris, 1878 in-8°) pp. 65 à 90. — Soury (J.) *Des Études hébraïques et exégétiques au moyen âge*. (Paris, Raçon 1866, in-8°).

[2] Date de l'apparition de la première édition (Rome, Sweyheym et Pannartz [5 vol. in-fol.])

§ I

HISTOIRE

---

1. Le Destinataire. — Et d'abord, pour qui ce Nicolas de Lyra a-t-il été exécuté ? L'ouvrage lui-même répond à cette question.

Au fol. 57 v° du t. II, à la fin du commentaire sur le livre de Ruth, se lit, en effet, la note suivante :

« *Finitus et completus... pro reverendo in Christo patre et precelsissimo principe et domino doño Guidone, miseratione divina episcopo et duce lingonensi, Franciæ pari nec non domini nostri regis consiliario dignissimo.* »

Au frontispice des t. I [1] et VI, d'autre part, sont peintes des armes épiscopales qui se blasonnent ainsi :

Écartelé : au 1 et 4 d'azur au sautoir de gueules, accompagné de quatre fleurs de lis d'or (qui est de Langres); au 2 et 3, écartelé : 1 et 4, d'argent au roc de sable : 2 et 3, de sable au roc d'argent (qui est de Bernard).

Or cet *explicit* et cet écusson, qui sont comme les deux *ex-libris* du livre, s'accordent merveilleusement entre eux. Tous deux désignent un évêque de Langres comme ayant été le propriétaire primitif des *Postillæ*. Mais quel est cet évêque ? L'*explicit* nous en dit le prénom : il s'appelait Gui ; l'écusson nous en révèle le nom : il appartenait à la famille des Bernard [2]. L'*explicit*, enfin, ajoute que le destinataire de l'ouvrage était

---

[1] Voir plus loin la planche n° 7.

[2] Les héraldistes ne sont pas absolument d'accord sur la composition des armes de Gui Bernard. Aux parties constitutives, indiquées plus haut, le P. Anselme ajoute : *Sur le tout, d'azur chargé d'une fleur de lys d'or* (*Op. cit. loc. cit.*) et Gaignières : « *Sur le tout, de sable à une étoile d'or* » (Bibliothèque Nationale, *Latin*, 17,035). Ces deux auteurs ont raison l'un et l'autre. Primitivement, les armes des Bernard étaient telles que les décrit Gaignières. Ce ne fut qu'en 1433 que Charles VII permit au père de notre évêque, Etienne Bernard, de remplacer l'écusson : *de sable à une étoile d'or* par l'écusson : *d'azur à une fleur de lys d'or*. Nous ignorons pourquoi cet appendice héraldique est absent des armes de notre manuscrit. Cfr. Daguin : *Les Évêques de Langres, Étude épigraphique, sigillographique et héraldique*. (Nogent 1880-83, in-4°) p. 149.

conseiller d'un roi de France, et ce dernier trait achève de nous fixer sur l'identité du personnage visé. Il s'agit ici bien évidemment de Gui Bernard. Ce prélat, en effet, fut « conseiller du roi Charles VII »[1] et il occupa, comme l'on sait, le siège de saint Didier, du 30 Janvier 1454 au 28 Avril 1481[2], c'est-à-dire juste à l'époque que nous avons paléographiquement assignée comme date à notre manuscrit.

C'est donc bien pour lui qu'a été fait notre Nicolas de Lyra.

Ajoutons, pour être complet, que la présence d'un aussi somptueux ouvrage entre ses mains n'a absolument rien qui puisse nous surprendre.

Gui Bernard, en effet, était un ami éclairé des Beaux-Arts.

Originaire d'Angers[3], son enfance et sa jeunesse s'étaient écoulées au milieu des monuments de toute nature dont le *bon roi René* ornait sa capitale[4], et la vue de tous ces chefs-d'œuvre avait déjà éveillé chez lui un goût très vif pour les travaux d'architecture, de sculpture, de tapisserie, de peinture et d'orfèvrerie. Ce goût, naturellement, grandit encore après son élévation à l'épiscopat, grâce aux relations qu'il entretint avec la cour de Bourgogne, dont il se trouvait être l'Ordinaire[5]. Ce qu'il y a de certain, c'est que pendant son pontificat, le diocèse de Langres fut le théâtre d'une véritable renaissance artistique; plusieurs de nos églises, pour emprunter le mot bien connu du vieux chroniqueur, «secouèrent, alors, les haillons de leur vieillesse pour revêtir la blanche robe de la nouveauté »[6]; le palais de nos évêques fut embelli et agrandi[7], le mobilier

---

[1] Le 2 novembre 1430, il avait été nommé maître des requêtes de l'Hôtel de Charles VII à la suite de la renonciation de son oncle Jean Bernard, archevêque de Tours, qui avait démissionné en sa faveur. (Anselme: *Histoire généalogique et chronologique de la maison royale de France, des pairs, grands officiers de la couronne et de la maison du roy et des anciens barons du royaume.* [Paris, 1726] t. II, p. 120.) Or à cet office était alors attaché le privilège d'assister au conseil du Roi.

[2] Voir aux Archives de la Haute-Marne le procès-verbal de son élection (G. 14).

[3] C'est tout à fait à tort que le *Gallia* (t. IV, col. 629) le fait naître à Tours: *patria Turonensis*. Lui-même nous dit dans son testament, daté de Langres le 1er Mars 1480 (v. st.), qu'il a été baptisé à l'église Sainte-Croix et bénéficier à la collégiale Saint-Maurice d'Angers. Sa mère, du reste, fut inhumée à Angers — c'est encore lui qui nous l'apprend — dans la chapelle des Frères Mineurs.

[4] Voir: Villeneuve-Bargemont (de): *Histoire de René d'Anjou.* (Paris, 1825, 3 vol. in-8°) — Quatrebarbes (de): *Œuvres du Roi René.* (Paris, 1844-45, 4 vol. in-4°) — Lecoy de La Marche: *Extraits des comptes et mémoriaux du roi René pour servir à l'histoire des arts au XVe siècle.* (Paris, Picard, 1873, in-8° de XVI-308 pages) — Id: *Le Roi René, sa vie, son administration, ses travaux artistiques et littéraires.* (Paris, Didot, 1875, 2 vol. in 8° de XVI-550 et 548 pages). — Port (Célestin): *Les artistes angevins, peintres-sculpteurs, maîtres d'œuvre, architectes, graveurs, musiciens, d'après les Archives angevines.* (Angers, Germain et Grassin, 1881, in-8°, de XX-334 pages).

[5] Cfr. Laborde (comte de): *Les ducs de Bourgogne. Études sur les lettres, les arts et l'industrie, pendant le XVe siècle, et plus particulièrement dans les Pays-Bas et le Duché de Bourgogne.* (Paris, Plon, 1849, 3 vol. in-8°).

[6] Parmi les édifices religieux consacrés par Gui Bernard on peut citer les églises de Minot, d'Hortes, de Saint-Jean-Baptiste et des Carmes de Dijon.

[7] « Domum suam episcopalem in civitate sitam cœpit (*Guido*) magnis sumptibus augmentare et mirum in modum novis structuris magnificisque, ut jam cernitur, ampliare » dit Claude Félix (*Bibliothèque de Langres, Mss.*, E. 403 bis).

sacré de Saint-Mammès, enfin, s'enrichit de plusieurs objets précieux, soit par leur matière, soit par leur facture [1].

Mais entre toutes les œuvres d'art, celles que recherchait surtout Gui Bernard, c'étaient les manuscrits. L'amour des livres était chez lui une vieille passion, une passion qui remontait jusqu'à l'époque où il était archidiacre de Tours. Cette ville, on le sait, a de tout temps été célèbre par ses calligraphes [2]. Au milieu du XV° siècle, elle possédait, outre de nombreux libraires [3], aux vitrines toujours brillamment garnies, toute une pléiade de miniaturistes de marque comme, par exemple, Jean Poyet, Jean d'Amboise, Bernard et Jean de Posay. Gui eut ou du moins pu avoir des rapports avec ces maîtres enlumineurs. Il connut certainement, en tout cas, Jean Foucquet [4], le roi des « historieurs » d'alors. Celui-ci, en effet, était le peintre de Charles VII à l'époque où Monseigneur Bernard en était le conseiller. Si on en croit M. Paul Durrieu [5], le chef de

---

[1] Voici comment Tabourot s'exprime à ce sujet dans son *Histoire des Sainctes Reliques*. « Gui Bernard, dit-il, fit à sa cathédrale plusieurs présents dignes de sa grandeur, en paremens et vestemens de soye et de drap d'or, et de tapis de Turquie forts et espais ». C'est à ce prélat, ajoute-t-il, que cette église dut en particulier « la petite tapisserie qui est au-dessus des sièges des chanoines, dans le cœur (sic) où sont ses armes avec celles de la Ville » et « l'émeraude de vieille roche, attachée au-devant de la couronne du très précieux chef de Saint Mammès, laquelle est estimée d'un haut prix par ceux qui s'y entendent » (p. 520 de la copie du Grand Séminaire). — Une autre preuve, plus caractéristique encore, de la somptuosité pieuse du même évêque, c'est le reliquaire de vermeil, en forme d'église, qu'il fit faire pour abriter l'os de la nuque et des portions du sang et de la chemise de saint Mammès. Ce reliquaire vulgairement dit : « de la dédicace » et qu'on portait aux processions solennelles était, au dire de tous nos chroniqueurs, une vraie merveille. Sur une de ses faces étaient représentés saint Mammès — ayant à ses pieds un personnage suppliant, qui n'était autre que le donateur lui-même — et saint Didier, et de l'autre côté, l'on voyait la sainte Vierge accompagnée de saint Jean l'Évangéliste et de saint Gengoulf.

[2] Voir : Delisle (Léopold) : *Mémoire sur l'école calligraphique de Tours au IX° siècle*. (Paris, 1885, in-4° de 32 pages et 5 planches). — Bosseboeuf (abbé) : *L'école de calligraphie et de miniature de Tours. I. Des origines au X° siècle*. (Tours, Deslis, 1891, in-8° de 140 pages). — Dorange (A.) : *Catalogue définitif et raisonné des manuscrits de la bibliothèque de Tours*. (Tours, 1875, grand in-4° de 585 pages). — Giraudet (E.) : *Les artistes tourangeaux, architectes, armuriers, brodeurs, émailleurs, graveurs, orfèvres, peintres, sculpteurs, tapissiers de haute lice. Notes et documents inédits*. (Tours, Rouillé-Ladevèze, 1885, in-8° de CIV - 419 pages).

[3] V. Chereau (D° Achille) : *Catalogue d'un marchand libraire du XV° siècle, tenant boutique à Tours*. (Paris, Académie des bibliophiles, 1868, in-18 de 66 pages). Ce curieux catalogue, que M. Le Roux de Lincy avait déjà fait connaître en 1841, dans la Préface des *Cent Nouvelles nouvelles*, est tiré du Ms 2012 du fonds français de la Bibliothèque Nationale. Il renferme l'énumération des livres d'un libraire établi à Tours « devant l'hostel de Mgr. de Dunois ». On y voit figurer environ 238 Mss. dont beaucoup se rapportent à notre ancien théâtre, et 29 imprimés.

[4] Cfr. Vallet (de Viriville) : *Jean Foucquet, artiste du XV° siècle*. (Revue de Paris, Août 1875). — Bouchot (H.) : *Jean Foucquet* (Gazette des Beaux-Arts, Octobre 1890). — *L'OEuvre de Jean Foucquet*. (Paris, Curmer, 1866, 2 vol. in-4°.) — Voir, en outre, à l'Appendice des *Évangiles des dimanches et des fêtes de l'année* de la maison Curmer (Paris, 1864, 3 vol. in-4°), les très intéressantes notices qu'ont consacrées au célèbre maître miniateur MM. de Viel-Castel, de Laborde, Charles Louandre, Ferdinand Denis et Brentano.

[5] Dans une très curieuse plaquette intitulée : *Une peinture historique de Jean Foucquet. Le roi Louis XI tenant un Chapitre de l'Ordre de saint Michel*. (Paris, A. Lévy, in-4° de 22 pages), le savant conservateur du Musée des peintures du Louvre a, en effet, démontré, en 1890, 1° que le manuscrit français 19,819 de la Bibliothèque Nationale, contenant les statuts de l'Ordre de saint Michel, 1868, in-18° de 66 pages), et 2°, que la composition qui est peinte en tête, représentant la tenue d'un chapitre de l'Ordre, est l'œuvre de Foucquet. Partant de là, il s'est efforcé, par une suite de rapprochements ingénieux, d'identifier les divers personnages qui y figurent. D'après lui (p. 14-15), l'un de ces personnages serait notre évêque Gui Bernard, qui, de fait, fut, comme l'on sait, le premier chancelier de l'Ordre de Saint-Michel. Le prélat occupe dans le tableau la seconde place à gauche, derrière le fauteuil du monarque. En sa qualité de dignitaire, il est vêtu d'une robe longue de camelot de soie blanc, fourré de menu vair. Il n'a pas de collier. Sur sa robe se voit un camail rouge, semblable à

l'École française aurait même, sous Louis XI, fait le portrait de l'évêque de Langres. Dans un pareil milieu, l'archidiacre de Saint-Gatien ne pouvait guère, on en conviendra, faire autrement que de devenir un fervent bibliophile.

Il le devint, en effet, et une fois évêque, après le souci de réparer les ruines spirituelles et temporelles accumulées dans son diocèse par la guerre de Cent ans, il n'eut pas de plus vive préoccupation que celle d'amasser de nombreux volumes.

Sa bibliothèque — dont nous ne désespérons pas d'arriver un jour à reconstituer intégralement le catalogue — était, de fait, très considérable.

Parmi les ouvrages dont elle se composait, il en est plusieurs qui n'existent plus. Tels sont, par exemple, les manuscrits qu'il légua, en mourant, à Saint-Mammès de Langres et à Saint-Remi de Reims, et qu'il désigne ainsi dans son testament : « *Do Ecclesie (lingonensi) Moralia beati Gregorii in quatuor voluminibus et librum de Evangelio eterno. Et quia Moralia fuerunt alias hospitalis de Sury* (canton de Prauthoy, Haute-Marne), *volum* (sic) *quod dictum hospitale habeat in recompensam* (sic) *magnum Missale meum et unum Graduale quod volo expensis meis emi et tradi dicto hospitali* [1]. *Do ecclesie et abbatie beati Remigii Remensis* [2] *psalterium glosatum quod alias habui a conventu. Do etiam Bibliam in uno volumine, in papiro impressam; Augustinum, de Civitate Dei, in uno volumine, in papiro; Epistolas beati Jheromini, in duobus voluminibus et Pantheal... in tribus voluminibus, in papiro; et ponantur in libraria conventus et orent Deum pro me* [3]. »

Ces douze volumes, nous le répétons, sont aujourd'hui perdus.

A la bibliothèque publique de Poitiers, par contre, on conserve sept manuscrits qui ont jadis fait partie de la *Librairie* de Gui Bernard, et dont nous croyons devoir donner ici le signalement.

Tous, sauf le sixième, sont sur parchemin.

---

ceux que portent les chanoines. Dans sa main droite il tient une feuille de papier, comme s'il s'apprêtait à faire une communication à l'assistance. « Ces deux derniers traits, dit M. Paul Durrieu, indiquent le chancelier de l'Ordre. En effet, l'ordonnance de création porte qu'il faudra choisir de préférence un ecclésiastique de haut rang pour remplir cet office et ajoute que celui-ci « aura charge de proposer et porter le langaige, tant aux chapitres qu'en autres lieux ès matières touchant l'Ordre,... toutes les fois que mestier sera et que par le souverain ordonné lui sera ».

[1] Cfr. nos *Livres liturgiques*, p. 120.

[2] Gui Bernard était abbé commendataire de Saint-Remi de Reims.

[3] *Archives de la Haute-Marne*, G, 14 (copie du temps). — Le prélat recommande, en finissant, de rendre à qui de droit ceux de ses livres qu'il n'avait qu'en dépôt : *Omnes libri quos in commodato habeo restituantur illis quibus pertinent.* — Gui Bernard, de son vivant, avait donné au Chapitre de Saint-Mammès beaucoup plus d'ouvrages qu'il ne lui en légua à sa mort. C'est, du moins, l'opinion de Vignier, qui dit dans sa *Décade historique* (Copie du Grand Séminaire, p. 351) : « Il (Gui Bernard) enrichit sa cathédrale.... *de quantité de volumes, de petits écrits à la main* et autres choses semblables. »

Le premier (n° 13 [1], ancien 178) mesure 324 sur 230 millimètres. Il renferme des *Postillæ* sur l'Apocalypse et les Actes des apôtres et provient de la bibliothèque des Jésuites qui eux-mêmes l'avaient reçu en don de M. de La Frézelière. L'écriture est du XIII° siècle. Une note inscrite sur la garde liminaire nous apprend que ce manuscrit a été confisqué le 3 Mars 1469, samedi avant *Lætare*, sur un moine dominicain, par Gui Bernard.

Le second (n° 91, ancien 200) est intitulé : *Liber compendii salutis a quodam monacho ordinis Cartusiensis Petri Castri in Sabaudia et de Sancto Justo in suburbio Lugdunensi oriundo compositus anno 1392*. Il provient des deux mêmes fonds que le précédent et, paléographiquement, date du XV° siècle. Il y est successivement traité : des commandements de Dieu, des cinq sens, des vertus, des sept dons du Saint-Esprit, des sept béatitudes, des sacrements, du purgatoire, de l'enfer, de l'antechrist, de la fin du monde, du jugement dernier et du sort des bons et des méchants. Sur un des feuillets de garde on lit : *G. episcopus lingonensis*. (Hauteur 230, largeur 100 millimètres.)

Le troisième (n° 93, ancien 201) est également du XV° siècle. Sa hauteur est de 240 et sa largeur de 165 millimètres. Il a pour titre : *Collationum theologicarum compilatio*. Au revers de la reliure se voit l'*ex-libris* manuscrit suivant : *Iste liber est Guidonis episcopi ducis Lingonensis*.

Le quatrième (n° 98, ancien 97) est de la même époque que le précédent, et contient les sermons du franciscain Guibert de Tournay [2]. On lit sur la feuille de garde qui tapisse l'intérieur de la reliure : *G. Lingonensis episcopus dux*.

Le cinquième (n° 115, ancien 95) a 219 millimètres de haut, sur 157 de large. Gui Bernard l'avait reçu en don du sous-prieur de St-Remi de Reims, comme en fait foi cette note de l'une des gardes : *Hic liber est episcopi Lingonensis ex dono subprioris B. Remigii Remensis facto*. Il renferme cinq traités qui tous cinq ont été transcrits au XV° siècle : 1° *Petri Alfuncii liber de clericali disciplinæ* [3]. — 2° *Tractatus de origine, materia et*

---

[1] La numérotation indiquée est celle qu'a adoptée M. Paul de Fleury dans son *Inventaire analytique et descriptif des manuscrits de la Bibliothèque de Poitiers* (Poitiers, 1868, in-8° de 68 pages). Le fond des notices qu'on va lire est emprunté à ce dernier ouvrage. — M. de Fleury ne nous dit ni quand ni comment nos sept volumes sont sortis de Langres. Sous le n° 33 de la même bibliothèque (ancien 94), est conservé un huitième manuscrit, également originaire de notre diocèse, et qui contient des *Excerpta* d'Hugues de Saint-Victor, de saint Isidore, de saint Jérôme et de saint Prosper. Sur la garde, on lit : *Liber beatæ Mariæ de Moris*.

[2] Ces sermons ont été imprimés à Paris en 1518, in-8°. Voir Fabricius : *Bibliotheca mediæ et infimæ latinitatis*, t. III, p. 58 et 126, et *Histoire littéraire de la France*, t. XIX, p. 139. — Notre Ms. mesure 192 sur 130 millimètres.

[3] Ouvrage singulier dont il a été fait au XIV° siècle une traduction que l'abbé Labouderie a publiée, à Paris, aux frais des bibliophiles français, en 1824, chez Rignoux (petit in-8°). — W. Val. Schmidt a donné, à Berlin, une savante édition du *De disciplina clericali* de Pierre d'Alphonse, d'après un manuscrit de la bibliothèque de Breslau.

mutationibus monetarum editus a magistro Nicolao Oresme [1]. — 3° *Tractatus de re familiari.* — 4° *S. Augustini, Speculum peccatorum.* — 5° *Vita Griseldis (metrificata).*

Le sixième (n° 215, ancien 212) mesure 300 sur 220 millimètres. Gui Bernard l'avait acheté d'un nommé Raoul Le Verrier pour lequel il avait été exécuté au XV° siècle. On y trouve deux ouvrages très connus : 1° *Ceremoniæ servandæ in introitu Frederici Romani imperatoris visitantis limina apostolorum.* — 2° *Johannis, Sarisberiensis archidiaconi, postmodum Carnotensis episcopi, Polycraticus sive de Nugis curialium et philosophorum libri XIII.*

Le dernier, enfin, (n° 217, ancien 99) s'ouvre par un morceau intéressant pour l'histoire ecclésiastique de notre diocèse : la liste des évêques de Langres depuis les origines jusqu'en 1453. Vient ensuite un traité anonyme intitulé : *De oculo corporeo et morali,* dont l'écriture est contemporaine de celle du manuscrit dont il vient d'être question. (Hauteur 233, largeur 172 millimètres.)

Voilà tout ce qui nous reste de la *librairie* de Gui Bernard. C'est peu, et cependant c'est assez. C'est assez pour juger de sa composition. C'est assez aussi pour justifier ce que nous disions tout à l'heure des goûts de son possesseur. L'homme qui prenait ainsi soin de mettre lui-même son *ex-libris* sur ses livres, et qui recherchait avec autant d'ardeur les manuscrits traitant d'histoire et d'Écriture sainte que les volumes roulant sur la morale et la littérature, était évidemment un bibliophile. Rien d'étonnant dès lors, que notre Nicolas de Lyra lui ait été originairement destiné.

Mais ici se pose une seconde question : Où, par qui, à quelles conditions et à quelle date précise cet ouvrage a-t-il été transcrit et orné ?

II. L'Exécution. — Un compte de Guillaume Riboteau, scelleur [2] de l'évêché de Langres, pendant le pontificat de Gui Bernard, va nous permettre de satisfaire sur ce point la curiosité du lecteur. Ce compte — le troisième qu'ait présenté son auteur pendant sa gestion — porte la date du 14 Décembre 1472. L'original en est aujourd'hui perdu [3].

---

[1] On peut voir sur ce traité : Francis Meunier : *Essai sur la vie et les ouvrages de Nicolas Oresme* (Paris, Durand, 1857, in-8°), p. 36-38 et 63-84.

[2] *Sigillifer,* en latin, c'est-à-dire porte-sceau. — Guillaume Riboteau était frère de Jean Riboteau, conseiller du roi et receveur général de Bourgogne. (Cfr. *Archives de la Côte-d'or,* B, *1781, 1783, 1804, 1805, 1806* et *11,942*). Il avait succédé dans sa charge à Daniel Force. Le mercredi avant la translation de Saint Mammès, 1478, il fonda, à la chapelle des Neuf-Autels, à la cathédrale, une messe basse qui devait être dite chaque samedi par l'un des chapelains du Cloître. Pour couvrir les frais de cette fondation il donna au Chapitre « le terrage des Gauthiers, faisant partie de celui de Lannes » (Daguin, *Mss. t. XVIII, p. 23*). Son frère Jean, on le sait, était co-propriétaire du château de Chalancey avec le doyen de Saint Mammès, Jean Travaillot.

[3] S'il existe quelque part, ce doit être à Chaumont. Mais l'Inventaire de la Série G. de nos Archives départementales est trop peu avancé pour que nous ayons pu le retrouver.

Au XVIIe siècle, le chanoine Antoine Thibaut en avait fait des extraits qu'il avait, sous le titre de *Petites remarques*, insérés dans ses *Quaternions*[1]. Mais ces *Quaternions*, on le sait, ont eux-mêmes péri et nous ne les connaissons plus que par la copie-résumé que l'abbé Mathieu — qui au début de ce siècle les a encore eus entre les mains — nous en a laissée dans le t. IV de ses manuscrits. C'est donc à l'abbé Mathieu que force va nous être de recourir pour avoir le texte de ce précieux document.

Citons d'abord. Nous commenterons ensuite.

On lit à la page 232 :

« *A Monginot Generois, marchand, 65 sous pour douze douzaine et demie de fin parchemin pour le livre de Monseigneur de Lyra et pour trois livres fin coton baillé de l'ordonnance de mondit Seigneur à son serrurier pour ferrer le coffre du scel de l'ordre*[2]. » Plus bas : « *Encre et verni pour le livre de M. de Lira.* »

A la page 233, d'un autre côté, est écrit ce qui suit :

« *Pierre Rouche eut la somme de 12 livres 10 sous pour l'écriture de 25 cahiers du livre du Seigneur de Lira du dernier volume et achèvement d'icelui fait en la présente..... M. Guillaume Hugueniot, enlumineur à Langres, eut 39 livres 3 sous 4 deniers pour 27 histoires et pour 229 lettres d'or et d'azur, ensemble les paraphes auprès chacune lettre, de 20 deniers, valant 19 livres 1 sou 8 deniers. Le tout fait et accompli en 54 cahiers dudit livre commençant au livre de Sapience et finissant ès-Épîtres de Saint Paul. En outre, à icelui Guillaume 20 deniers, pour vermillon par lui baillé audit Me Rouche pour avoir rayé rouge lesdits 54 cahiers.* »

De ce texte il résulte que notre Nicolas de Lyra n'était pas seulement, comme nous l'avons prouvé, langrois de destination, mais il qu'il l'était aussi d'origine.

C'est à Langres d'abord qu'il a été copié. Son transcripteur, on vient de le voir, s'appelait Pierre Rouche.

La vie de ce personnage ne nous est pas connue. Il est plus que probable qu'il était laïque. Ce qui est indubitable, c'est qu'il était homme de goût. Le distique à la fois

---

[1] Ce savant ecclésiastique, dont nous avons déjà eu occasion de parler plus haut, était, paraît-il, né à Rolampont. Prêtre vers 1630, il fut successivement curé de Dommarien (1633-1641), de Bannes (1641) et de Saint-Pierre de Langres. Dès 1639, il avait été pourvu d'une stalle de chanoine à Saint-Mammès, et il l'occupa jusqu'en 1676, époque à laquelle il résigna en faveur de Richard Profillet, son neveu. — Les cahiers de notes qu'il avait prises en feuilletant les parchemins poudreux des Archives de son Chapitre et qu'il avait, on ne sait pourquoi, intitulés : *Quaternions*, étaient au nombre de sept. Le dernier n'était pas numéroté. Leur contenu était très intéressant. On peut s'en faire une idée par l'Index sommaire que nous en donne l'abbé Mathieu (*Mss, t. IV, p. 269-270*). Le Ms. 403 bis E. de la Bibliothèque de Langres est tout ce qui nous reste — en autographe — des travaux du docte compilateur. Voir De La Boullaye : *Notice des manuscrits de la bibliothèque de Langres* (dans la *Haute-Marne. Revue champenoise* [Chaumont, Cavaniol, 1856, in-4°], p. 585).

[2] Évidemment l'Ordre de Saint-Michel dont, on l'a vu, Gui Bernard était chancelier et qui avait été fondé par Louis XI, à Amboise, le 1er Août 1469.

admiratif et comminatoire qu'il plaça en guise d'*explicit* à la fin des *Postillæ* montre qu'il savait en apprécier la valeur artistique :

> Qui servare libris pretiosis nescit honorem
> Illius à manibus sit procul iste liber [1].

Comme calligraphe, d'autre part, il était loin d'être un novice. Riboteau lui donne le titre de maître, et ce titre, qu'il avait vraisemblablement conquis par la confection du chef-d'œuvre traditionnel, lui sera certainement confirmé par quiconque aura parcouru son Nicolas de Lyra. L'écriture, nous l'avons dit, n'en est pas luxueuse, mais elle est parfaitement régulière. Le scribe, du reste, paraît avoir été satisfait de son travail ; la preuve, c'est qu'il l'a signé. Il y a, en effet, à divers endroits, reproduit son monogramme : un P marié à un R [2]. Cette revendication publique de son œuvre montre que Pierre Rouche n'était pas insensible à l'amour-propre professionnel. Cet amour-propre, ajoutons-le tout de suite, était d'autant plus naturel chez le transcripteur des Postilles, qu'à Langres même il avait des concurrents. Dans le compte de Riboteau, en effet, il est question de deux autres calligraphes qui, comme Rouche, travaillaient pour « l'hôtel » épiscopal. Le premier était un religieux de l'ordre de Saint-Benoît, du nom de Pierre Muet. Gui Bernard lui fit écrire les répons et la légende de Saint Gatien [3], et, en outre, « cinq autres pieça » [4] (*sic*). Le second s'appelait Guyon. Il eut à copier « sur papier » un livre intitulé : les « Chronicques » [5]. Le scelleur épiscopal ne dit pas quel salaire il donna à ces deux manuscripteurs. Quant à Rouche, on l'a vu, il fut payé à raison de 10 sous le cahier. Pour 25 cahiers, en effet, il reçut 12 livres 10 sous, soit 250 sous.

---

[1] Ces deux vers se lisent au fol. 359 du t. VII. — Ils ne sont pas toutefois de la facture de Pierre Rouche. On les trouve dans divers autres manuscrits plus anciens et en particulier à la fin d'un Pierre Lombard qui a jadis appartenu à l'abbaye de la Charité, au diocèse de Besançon, et qui a été écrit à la fin du XIII° siècle par Dom Renaut, religieux de ce monastère. Cfr. Gauthier (Jules): *Catalogue des manuscrits de l'abbaye cistercienne de la Charité au diocèse de Besançon* (dans la *Bibliothèque de l'Ecole des Chartes*, t. XLII, p. 21).

[2] Voir en particulier t. II, fol. 57 v°. — t. III fol. 321. — t. V, fol. 97 v°, 101, 106, 114, 131, 149, 156, 329, 338. — t. VI, fol. 288. — t. VII, fol. 359.

[3] Gui Bernard, en souvenir de ce qu'il avait été, à Tours, archidiacre de l'église de ce nom, avait introduit la fête de ce saint dans le calendrier langrois. L'office noté, dont Pierre Muet est dit avoir traduit la légende et les répons comprenait, on le verra plus loin, trois cahiers.

[4] Pieça est évidemment mis ici pour peciæ. On appelait pecia, en terme de calligraphie, un manuscrit de seize colonnes d'écriture courante. Voir Molinier (A) : *Les Manuscrits*. (Paris, Hachette, 1892, in-12), p. 193.

[5] L'art de la calligraphie a, du reste, toujours été en honneur dans le pays langrois. Dans nos *Livres liturgiques* nous avons déjà fait connaître les noms de quelques manuscripteurs. Voir en particulier pages 35, n 1, 72, 76, 77, n 1, 101, 103, 107, 111, 113, 115, 116. — Un de nos chroniqueurs, François du Molinet, écrivait en 1690 : « Nous avons vu en ce pays (Langres), un nommé Maréchal, diacre et chantre, qui gagnait sa vie à écrire et à noter des livres d'église et qui copiait des légendes si parfaitement qu'il imitait les caractères les plus anciens, les modernes et tous ceux qu'on lui présentait. »

Mais que faut-il entendre ici par « cahier » ? Évidemment ce mot a le même sens d'un bout à l'autre du compte de Riboteau. Or, dans la partie de ce compte, relative à l'enlumineur, cahier, à n'en pas douter, signifie réunion de huit feuillets [1]. C'est donc la copie d'un cahier de huit feuillets qui était payée 10 sous [2] à Pierre Rouche. Il est facile, d'après cela, de calculer la somme qu'a déboursée Gui Bernard pour la transcription totale de l'ouvrage. Les *Postillæ* contiennent en tout 2216 feuillets, c'est-à-dire 277 cahiers. Elles ont dû coûter, par conséquent, 2770 sous ou 138 livres 10 sous, soit en monnaie moderne — si l'on admet, avec M. Pierre Clément [3] que, pendant les vingt dernières années du règne de Charles VII [4] la valeur relative de la livre tournois était de 40 francs environ — 5,540 francs.

Mais c'est assez sur le travail du chirographe, arrivons au parcheminier.

Son nom, d'après Riboteau, était Monginot-Genevois. Monginot paraît avoir eu comme associés, dans son commerce, deux autres personnages : Philibert Martin et Jehan Noirot. Un des articles du compte de Riboteau est, en effet, ainsi libellé : « A Philibert Martin et à Monginot-Genevois, marchands, demeurant à Langres, la somme de 24 sous 1 denier pour 30 cahiers de papier, par moitié gros et fin, tant pour mondit Seigneur que pour certaines chroniques et pour son hôtel. » Plus bas, d'autre part, on lit : « A Jehan Noirot et à Monginot-Genevois pour seize mains de papier. » Le nom de Monginot, cependant, nous ne savons pourquoi, figure seul dans le passage suivant, extrait du même mémoire : « Audit Monginot-Genevois, 47 sous 6 deniers tournois pour trois grandes peaux de parchemin employées en trois lettres de la terre de Grenant et les deux moulins de Mussy, 5 sous. — Item, pour deux aulnes et demie de ruban vert pour attacher les sceaux des trois lettres susdites et pour seize grandes peaux de parchemin employées en trois cahiers escrits et notés de l'office de Saint Gatien ». Mais qu'ils aient été unis ou non sous la même raison sociale, les noms de ces trois *pergamenarii*

---

[1] Du « Livre de Sapience (t. V, fol. 225) » ès Épitres de saint Paul » (t. VI, fol. 288), il y a, en effet, juste 54 feuilles, comme le dit Riboteau : 15 dans le tome V (29ᵉ à 43ᵉ), et 39 dans le t. VI (1ᵉʳ à 39ᵉ et chacun de ces cahiers, comme il est facile de s'en convaincre par l'inspection, est de 8 feuillets.

[2] C'était là une rétribution relativement minime. Ailleurs les tarifs des calligraphes étaient de beaucoup plus élevés. Voyez le *Cabinet des manuscrits de la Bibliothèque Nationale* de M. Léopold Delisle, t. II, p. 187, t. III, pages 115 et 171.

[3] *Jacques Cœur et Charles VII*. (Paris, Didier, 1866, in-8° de LXXII-514 pages), p. LXVI. — Personne n'ignore combien est difficile l'évaluation des anciennes monnaies en monnaie moderne. Les calculs de M. Clément reposent sur ce double postulat, à savoir : 1° que la livre tournois valait en argent fin, à la fin du règne de Charles VII, environ 6 fr. 75 c., et 2° que l'argent avait alors six fois plus de pouvoir qu'il n'en a aujourd'hui. D'après Bally (*Histoire financière de la France*. t. II, p.298, la livre tournois du temps de Charles VII n'équivaudrait qu'à 27 fr. 34 c. Sur cette difficile question il faut voir : Leber (C.) : *Essai sur l'appréciation de la fortune privée des Français au Moyen-Age et aux diverses époques de leur histoire, relativement aux variations des valeurs monétaires et du pouvoir commercial de l'argent, suivi d'un examen critique des Tables du prix d'un marc d'argent depuis l'époque de Saint Louis* (Paris, 1847, in-8°).

[4] Période pendant laquelle les monnaies furent fabriquées au titre normal.

sont une preuve de la prospérité de l'art de la parcheminerie, à Langres, à la fin du XVᵉ siècle. Le centre producteur de cette industrie pour notre pays paraît avoir été Brevoines. La rue qui traverse ce faubourg du nord au sud et vient aboutir à l'église porte encore, en effet, le nom de rue de la Parcheminerie. Dans une pièce de 1334, d'un autre côté, il est question d'un *Borricus pergamentarius* (sic), habitant Brevoines, et qui était tenu, en raison de son métier, de payer un cens à l'Évêque. En 1377, enfin, les moines d'Auberive achetèrent à Brevoines une maison qui, dans l'acte, est déclarée se trouver située *juxta domum Johannis pergamenarii de Brevoniis* [1].

La préparation des peaux se faisait donc vraisemblablement sur la rivière du faubourg, mais c'est à Langres qu'avait lieu la vente. En 1360, il y avait au Petit Cloître un parcheminier du nom de Thibaut [2]; en 1527, Jehan Marcotte exerçait le même commerce place Saint-Didier [3] et, quelques années plus tard, en 1557, un confrère de ce dernier, Claude Regnault, tenait boutique rue du Croc [4]. Comme qualité, du moins à en juger par notre Nicolas de Lyra, le parchemin de Langres était d'une finesse de grain et d'un velouté remarquables. Le prix, cependant, en était assez peu élevé. Les « douze douzaine [5] et demie de fin parchemin » employées pour la transcription d'une partie des *Postillæ*, d'après Riboteau, ne coûtèrent, en effet, jointes à « trois livres de fin coton », que la somme de « soixante-cinq sous », ce qui met la peau à environ 5 deniers [6]. Or, si nous ne nous trompons, les prix étaient ailleurs sensiblement plus forts. A Paris, par exemple, en 1524, époque à laquelle le parchemin avait beaucoup moins de valeur qu'en 1470 — le papier lui faisant une concurrence redoutable et déjà victorieuse — les comptes des frères de Sainte-Croix de la Bretonnerie portent 4 livres 4 sous pour « quatre douzaine et demye de parchemin » [7]. Monginot vendait donc 5 deniers seulement ce qui à Paris coûtait 1 sou et 6 deniers. Le mémoire total qu'il présenta à Gui Bernard après l'achèvement définitif du livre ne dut pas dans ces conditions monter bien haut.

---

[1] Roussel : *Le Diocèse de Langres*, t. II, p. 290.

[2] Daguin : Mss. t. XVIII, p. 53.

[3] De La Boullaye (E.) : *Étude sur la vie et sur l'œuvre de Jean Duvet, dit le Maître à la Licorne*. Paris, Rapilly, 1876, in-8º de 143 pages), p. 8.

[4] Daguin : Mss. t. XVIII, p. 155.

[5] Il s'agit ici probablement de douzaine de peaux.

[6] Nous disons « environ » car il faut tenir compte des « trois livres fin coton » que Monginot fait figurer sur la même facture.

[7] Lecoy de la Marche : *Les Manuscrits et la Miniature* (Paris, Quantin, s. d. in-8º), pages 31 et 35.

A combien s'élevait-il au juste? Riboteau ne le dit pas, mais avec ce qu'il dit, il n'est pas impossible, ce nous semble, de le déterminer. Il suffit, pour cela, de rapprocher l'un de l'autre les deux articles du compte cité plus haut : celui qui concerne le parcheminier et celui qui regarde le calligraphe. Ces deux articles, évidemment, sont corrélatifs. Le parchemin, en d'autres termes, que Pierre Rouche est dit avoir employé à l'achèvement du Nicolas de Lyra, était, très certainement, le même que le parchemin qui, quelques jours auparavant, avait été acheté chez Monginot ; il était le même, substantiellement, la succession et le rapprochement chronologique des deux factures le prouvent ; il était le même aussi, quantitativement, puisque, comme on l'a vu, Riboteau n'assigne aucune autre destination à son emplette que celle-ci : *Pour le livre de Monseigneur de Lyra*. Ce principe une fois admis — et nous ne croyons pas qu'on puisse le contredire — on voit tout de suite la conséquence qui en découle. Si les 25 cahiers écrits par Pierre Rouche sont l'équivalent exact des « douze douzaine et demie » ou des cent cinquante peaux fournies par Monginot, c'est donc que les cahiers sont aux peaux dans un rapport de 25 à 150, ou — ce qui est la même chose sous une autre formule — que, dans la composition d'un cahier il entre six peaux. Rien de plus aisé, dès lors, que de déterminer le nombre des peaux qui ont dû être achetées pour confectionner nos sept volumes. Ce nombre est évidemment de 277×6, c'est-à-dire de 1662. Mais comme on sait, d'autre part, que le prix de la peau était de 5 deniers, on n'aura, pour connaître la somme exacte que toucha Monginot, qu'à multiplier 1662 par 5. Si l'on effectue l'opération, on trouvera que le parchemin des *Postillæ* a coûté en tout 8310 deniers ou 34 livres 12 sous, ce qui, en monnaie actuelle, d'après le système de M. Clément, ferait environ 1384 francs. Voilà pour le compte du parcheminier.

L'évaluation de ce qui a dû être payé à l'enlumineur n'est pas aussi facile.

Ce second collaborateur de Pierre Rouche avait pour nom, nous l'avons dit, Guillaume Hugueniot. Il paraît avoir présenté à Gui Bernard trois factures différentes : l'une sur laquelle figurait le « vermillon » destiné à rayer les cahiers ; la seconde, où était indiqué le prix de revient « des lettres d'or et d'azur » ou autrement dit des enluminures ; la troisième, enfin, exclusivement consacrée aux miniatures. Sur ces trois factures, il en est deux, nous le reconnaissons, dont le montant peut, sans trop de peine, être reconstitué. On sait, en effet, ce qui a été dépensé de vermillon pour 54 cahiers. Or il n'est pas malaisé, avec cette donnée, de trouver ce qu'a dû exiger la réglure de 277 cahiers. La somme versée pour cet objet a dû évidemment être d'environ 8 sous 1/2, soit 17 francs en monnaie d'aujourd'hui. D'autre part, en partant de ce double fait, à savoir : 1° que le coût d'une lettre d'or et d'azur était de 20 deniers, et 2° que, dans les 418 feuillets formés par ses 54 cahiers, Hugueniot a point 229 de ces lettres, il est également possible de déterminer à peu près ce qu'a dû coûter l'enluminure entière du manuscrit. Si nos calculs sont exacts, Hugueniot a reçu de ce chef 101 livres 6 sous et 8 deniers (1,055 francs). Ces deux solutions, encore une fois, n'ont rien d'embarrassant; mais là où commence la difficulté, et une difficulté sérieuse, c'est lorsqu'on veut évaluer le prix des miniatures. Riboteau nous dit que Guillaume Hugueniot toucha 20 livres, 1 sou et 8 deniers [1] pour « 27 histoires ». Mais qu'entend-il au juste par « histoire »? Évidemment, ce mot ne doit point se prendre dans le sens de *sujets*. Dans les 54 cahiers auxquels nous réfère le scelleur épiscopal (t. IV, fol. 225 et t. VI), il n'y a, en effet, en tout, que sept tableaux. « Histoires » dans sa pensée et sous sa plume, a donc la signification de personnage ou groupe de personnages. Mais ici on se heurte à une nouvelle incertitude : quelle était la manière de compter de Guillaume Hugueniot? D'après quelle règle divisait-il ses tableaux en « histoires »? Nous ne le savons pas et l'ignorance où nous sommes sur ce point capital rend pour nous, sinon absolument impossible, du moins très difficile, la reconstitution du montant de cette troisième facture dont nous parlions tout à l'heure. Les divisions que nous pourrions essayer d'établir dans l'œuvre du « maître » seraient manifestement arbitraires. Dans la crainte de nous égarer, nous préférons nous abstenir. Quant au « miniateur » lui-même, il ne nous est pas autrement connu que par le compte de Riboteau. D'après l'inspection du livre, il est certain qu'il avait des associés. Les miniatures, en effet, sont de plusieurs mains. M. Paul Durrieu, qui, sur notre demande, a bien voulu étudier le manuscrit au point de vue du *faire* de l'enlumineur, y a reconnu deux manières, ou, pour mieux dire, deux styles différents.

« Il est hors de doute — nous écrivait à la date du 10 juin dernier, cet appréciateur aussi fin qu'érudit de notre vieil art national — il est hors de doute que deux praticiens, au moins, ont travaillé à l'illustration de l'exemplaire.

« Un premier enlumineur a peint les images des tomes I et II et peut-être la première du tome III, et un autre miniateur, toute la suite, du tome III au tome VII. Ce second peintre, lui-même, a pu se faire aider par un élève ou un auxiliaire secondaire. Cependant ce dernier point est très douteux.

« Nous avons donc, pour l'ensemble des miniatures proprement dites, deux séries : 1°, tomes I et II; 2°, tomes III à VII.

« Les images de la première série sont de beaucoup les meilleures. Le modelé est plus poussé, les proportions plus correctes et plus élancées, le paysage plus étudié. Les

---

[1] Tel est, en effet, le chiffre que l'on obtient si l'on retranche des 39 livres 3 sous et 4 deniers payés à Hugueniot les 19 livres 1 sou et 8 deniers qui, dans la facture, représentent le prix des enluminures.

figures, sur une échelle moins grande, sont plus enveloppées, plus habilement groupées et éclairées.

« L'auteur de cette première série me paraît tout à fait français. Il appartient au groupe assez nombreux des miniaturistes de la seconde moitié du XVe siècle, qui se rattachent intimement par leur style à la vieille école parisienne, mais qui ont voyagé, qui ont travaillé dans le centre de la France et ont subi, d'une manière plus ou moins lointaine, l'influence des ouvrages de Jean Foucquet. Le maître n'est pas de premier ordre, mais il mérite d'être classé dans une moyenne très honorable. Ses quatre petites miniatures du tome 1er, surtout aux folios 89vo, 160vo, 195vo et 238 sont réellement fort heureuses de composition et d'une exécution très délicate. Celles du tome II sont sensiblement plus lâchées.

« Dans la seconde série, les figures, relativement plus grandes par rapport aux cadres, sont plus trapues et parfois même trop courtes de corps. L'exécution est soignée, mais beaucoup plus sèche, moins libre, moins habile. Le modelé manque de relief : le paysage est enfantin; mais surtout, ce qui est le plus curieux, le caractère du style rappelle beaucoup plus les miniaturistes flamands. Les images se rapprochent d'une manière très frappante, par la netteté du trait et le caractère de douceur de certaines physionomies, des ouvrages d'enluminure courante exécutés à Bruges, soit sous l'influence, soit même dans l'atelier de Guillaume Vrelant.

« Ainsi l'illustration du Ms du Nicolas de Lyra serait due à la collaboration d'un habile enlumineur, venant de la France royale, avec un praticien formé dans les États des ducs de Bourgogne; mais je crois que les deux artistes devaient être en quelque sorte des associés, le premier jouant un rôle prépondérant vis-à-vis du second qui semble, parfois, avoir cherché autant que possible à l'imiter.

« Il arrivait très souvent, au XVe siècle, qu'un enlumineur en vogue n'exécutait que les premières images des manuscrits qu'on lui confiait et qu'il laissait faire le reste à des élèves ou collaborateurs secondaires. J'en ai relevé de très fréquents exemples ; j'en ai même cité quelques-uns, notamment l'année dernière, dans mes articles de la *Gazette des Beaux-Arts*[1] sur Alexandre Bening. Au règlement des travaux, ce n'était que le chef d'atelier qui était payé en nom, comme s'il avait tout fait lui-même. »

C'est ainsi, on l'a vu, que les choses se passèrent à Langres pour l'illustration des *Postillae*. Le peintre flamand ou bourguignon auquel Guillaume Huguenot fit décorer

---

[1] M. Durrieu se réfère ici aux savants articles qu'il a publiés dans la *Gazette des Beaux-Arts* (de Mai à Juillet 1891), sous le titre : *Alexandre Bening et les peintres du bréviaire Grimani* et où il prouve que les trois artistes auxquels on attribue les peintures de ce célèbre Ms, Jean Memling, Gérard de Gand et Liévin, ne sont autres que Alexandre Bening, Gérard Horebout et Liévin van Laethem.

les cinq derniers volumes de l'ouvrage ne paraît en aucune façon dans le mémoire du scelleur de Gui Bernard.

Ce mémoire est également muet sur l'origine de Hugueniot lui-même. Ce premier en date de nos peintres langrois, ce lointain ancêtre des deux Tassel et de Claude Gillot, dont la manière, d'après M. Durrieu, se rapproche de celle de Jean Foucquet, avait-il été amené de Touraine en Champagne par Gui Bernard? Les documents cités ne le disent pas, mais il est permis de le conjecturer. La chose, en tout cas, n'est pas impossible. Il est probable aussi que notre Nicolas de Lyra ne fut pas le seul ouvrage de Guillaume Hugueniot. Peut-être même qu'en cherchant bien on arriverait à reconnaître sa main dans l'ornementation de quelques-uns de nos livres liturgiques parus à la même époque [1]. Mais ce n'est pas ici le lieu d'entreprendre ce travail. Nous laissons ce soin au futur auteur d'un ouvrage que personne jusqu'ici n'a encore eu la pensée de nous donner et qui pourtant vaudrait la peine d'être fait, l'Histoire de la miniature langroise.

Un mot, avant de finir ce trop sec exposé, sur la date précise à laquelle nos *Postillae* ont été exécutées.

Ce livre a certainement été terminé en 1472. Riboteau affirme, en effet, expressément, que le dernier volume a été achevé « en la présente » c'est-à-dire en l'année même où son compte a été rédigé. Or ce compte, nous l'avons dit, a été écrit en l'an 1472 [2]. Mais, comme bien on pense, l'ouvrage n'a pas été tout entier écrit et enluminé la même année. Au fol. 338 du tome V, au bout du commentaire sur le second livre d'Esdras, se lit cette note : « *Actum 1464* ». L'*explicit* du livre de Ruth, dont nous avons reproduit plus haut le début et la fin, indique, d'autre part, comme date de l'achèvement du second volume, le 10 Juillet 1460 : *Die decimâ quintâ Julii anni Domini millesimi quadringentesimi sexagesimi*. La confection des *Postillae* a donc, par conséquent, duré plus de 12 ans, de 1459, peut-être même de 1458, à 1472.

D'aussi riches volumes [3], produits de l'art langrois, auraient dû perpétuellement

---

[1] Il faudrait pour cela comparer le « faire » de notre *historieur* avec celui des artistes anonymes qui ont décoré, par exemple, les Mss que nous avons décrits dans nos *Livres liturgiques*, sous les n°s XL, XLIII, XLV, XLIX, LII. — Le Missel n° XLVII a probablement été exécuté à Dijon. Un fait certain, c'est que son ornementation ressemble beaucoup à celle des manuscrits de l'École bourguignonne. Son premier propriétaire, du reste, a été Gérard Travaillot, archidiacre du Dijonnais, qui a fait peindre ses armes au fol. 83 du Propre des Saints : *Cerf d'or sur champ d'azur*.

[2] En tête, à la vérité, se voit ce titre qui pourrait faire croire que la rédaction est de 1471 : « Ces comptes commencent au 11 Mars 1471 et finissent audit jour l'an révolu 1471 *exclusive* », mais dans le texte même sont rapportés des événements qui se sont évidemment passés en 1472. De ce nombre sont, par exemple, les suivants : « M. l'évêque estant à Tours écrit à Langres par son barbier et varlet de chambre, Martin Hardeau, comme il a reçu 400 livres de Tours le 23 Mars 1472. Autre lettre dudit évêque étant à Tours du 5 Mai 1472... Du 24 Août 1471 à mars 1472, M. l'évêque était en cour devant le roy. » Le compte est donc bien de 1472.

[3] Gui Bernard fit encore faire en 1471 — probablement par le même calligraphe et le même enlumineur — deux autres beaux livres qu'il donna à sa nièce Marie qui, le 20 Septembre de cette année, était entrée à l'abbaye de Poulangy : un Psautier qu'il paya cent sous et des Heures qui avaient coûté cent soixante sous (Riboteau : *Compte déjà cité*).

demeurer à Langres. Ils en sont sortis, cependant, puisqu'ils se trouvent actuellement à Paris. Quel chemin ont-ils suivi, par quelles étapes sont-ils passés pour arriver à la Bibliothèque de la rue de Richelieu ? C'est ce qui nous reste à dire pour terminer l'histoire de notre manuscrit.

III. LES POSSESSEURS SUCCESSIFS. — Gui Bernard garda soigneusement son précieux ouvrage jusqu'au moment de sa mort. Mais comme il tenait à ce qu'il ne quittât pas Langres, il le donna à son Chapitre avec défense de jamais « le vendre, l'engager ou l'aliéner » sous peine de voir ses héritiers en répéter la propriété. On lit, en effet, dans son testament [1] :

« *Ut perpetuo sim in precibus et orationibus ecclesie* (S. Mammetis), *do prefate ecclesie libros magistri Nicolai de Lira, in septem voluminibus, ut in libraria ecclesie ponantur, ed conditione quod nunquam a capitulo et canonicis poterunt vendi, pignorari aut alienari et si contrarium fiat poterunt ab heredibus et executoribus* [2] *meis repeti* [3]. »

Les chanoines de Saint-Mammès observèrent fidèlement cette dernière clause jusqu'au milieu du XVIIe siècle. Mais, à cette époque, n'ayant plus rien à craindre du côté des exécuteurs testamentaires de Gui Bernard, ils firent cadeau des *Postillae* au chancelier Séguier. Les circonstances dans lesquelles eut lieu cette donation valent la peine d'être rapportées.

Pierre Séguier, on le sait, était un ardent bibliophile. La bibliothèque qu'il avait installée en son hôtel de la rue du Bouloi, de l'avis de tous les contemporains, dépassait, et de beaucoup, par la rareté et le nombre de ses volumes tant manuscrits qu'imprimés, les plus riches collections qu'on eût encore connues [4]. Parmi ces trésors littéraires, la plus

---

[1] Voir plus haut, p. 293 note 3.

[2] Gui Bernard désignait comme ses exécuteurs testamentaires son frère Étienne Bernard, seigneur d'Escueilley ; Jacques Toreau, trésorier de l'Église de Langres, son neveu, et Pierre Robert, son secrétaire. — Ce prélat avait encore un autre neveu, Regnier Maldon, qui devint plus tard chanoine et chancelier de l'évêché. En 1171, ce Maldon était encore étudiant à Paris. Le compte de Riboteau fait mention de lui en ces termes : « A été envoyé à Hargueville, marchand de Paris, 56 livres 3 sous pour la pension d'un an de Regnier Maldon, neveu de mondit seigneur, et de présent estudiant en l'Université dudit Paris, au collège de Navarre, en ce comprins les robes, frais et autres habillements dudit Regnier... Plus audit Regney, Auceau de Récourt bailla 20 sous étant à Paris. »

[3] Le souvenir de ce legs magnifique de Gui Bernard resta longtemps gravé dans le cœur des chanoines de Saint-Mammès. Voici en quels termes enthousiastes et reconnaissants en parlait, plus de cinquante ans après la mort du prélat, Claude Félix, l'auteur du *De Pontificibus urbis Lingonice* : « Item dedit (Guido) septem volumina, in pergameno manuscripta, historiata ac sumptuoso ornata, Novum Vetusque Testamentum secundum expositionem magistri Nicolai de Lira continentia ac aliud volumen in pergameno : *De Evangelio eterno* intitulatum » (B. de Langres, E. 403 bis, fol. 42, r° et v°).

[4] Voir Delisle (Léopold) : *Cabinet des manuscrits de la Bibliothèque nationale*, t. II, pages 78-90 — Franklin (A.) *Les anciennes bibliothèques de Paris*, t. I, p. 118. — Sauval : *Histoire de Paris*, t. II, p. 107 et t. III, p. 52. — Kerviler (René) : *Le chancelier Séguier, second protecteur de l'Académie française*. (Paris. 1875, 2e éd., in-12) pages 100-175.

grande partie, sans doute, avait été achetée et payée à beaux deniers par le chancelier, mais il s'en trouvait un certain nombre aussi qui lui étaient advenus par voie de donation. Séguier avait coutume de dire : « Si l'on veut me séduire, on n'a qu'à m'offrir des livres ! » [1] Comment résister à une pareille invitation ? Plusieurs maisons religieuses, au XVII° siècle, dans le but d'arriver à « séduire » et, partant, d'avoir pour protecteur un aussi haut personnage, n'hésitèrent pas à se dessaisir, en sa faveur, de leurs curiosités bibliographiques. Ainsi fit, en particulier, le Chapitre de Rouen, qui en 1640 offrit au chancelier, dit l'abbé Langlois, « un bel exemplaire des Conciles d'Espagne [2] ». Ainsi firent aussi, hélas ! les chanoines de Saint-Mammès. Il faut dire à leur décharge, cependant, qu'ils avaient des raisons de désirer faire plaisir à Séguier.

Celui-ci, en effet, leur avait rendu des services. Tabourot affirme quelque part que le célèbre chancelier — qu'il appelle en tronquant son nom, « M. Séglier » — « se porta toujours d'affection pour l'Église langroise et la protégea en diverses occasions » [3]. Nous ignorons quelles sont les « occasions » qu'eut Séguier de donner à notre diocèse des marques d' « affection ». Toujours est-il que le Chapitre de Saint-Mammès lui avait voué une vive reconnaissance. Lorsqu'il mourut, il célébra en son honneur un service solennel [4] (jeudi 4 février 1672 [5]). Dès son vivant même, du reste, le chancelier avait joui du privilège de voir son nom inscrit dans les diptyques, si je puis ainsi dire, de notre cathédrale. Chaque année, au premier Mai, on y priait Dieu pour lui d'une manière spéciale. C'est ce qui résulte des deux notes suivantes, l'une en latin, l'autre en français, qui se lisent, à cette date, dans l'Obituaire de Saint-Mammès [6] :

« *Orate pro D. D. Petro Seguier, cancellario hujus regni, qui hanc ecclesiam multis honoribus et beneficiis dotavit.* »

Et plus bas :

« *Priez Dieu à tous les saints sacrifices de la messe pour la conservation, prospérité et santé de très hault et très puissant seigneur Messire Pierre Séguier, chancelier de France,*

---

[1] Voir dans Henry (l'abbé) : *François Bosquet, intendant de Guyenne et de Languedoc, évêque de Lodève et de Montpellier* (Paris, Thorin, 1889, in-8° de XIV-788 pages) le chapitre intitulé : *Bosquet, procureur général en Normandie.*

[2] *Recherches sur les bibliothèques des archevêques et du Chapitre de Rouen* (Rouen, 1854, in-8°), p. 33.

[3] *Histoire des sainctes Reliques*, p. 520.

[4] Id. Ibid. p. 654.

[5] Six jours par conséquent après sa mort. — Séguier, en effet, avait rendu son âme à Dieu, le 28 janvier, à 7 heures du soir.

[6] Bibliothèque de Langres, Mss. 404 E.

en considération des grâces spéciales par lui faites au Chapitre et de la protection qu'il a donnée et qu'il donne tous les jours aux intérêts de cette cathédrale. »

Le Chapitre de Langres, on le voit, était ou du moins se croyait l'obligé de Séguier. On comprend, dans ces conditions, qu'il lui ait cédé son Nicolas de Lyra.

Cette cession s'explique d'autant mieux que le chancelier avait, si l'on peut s'exprimer de la sorte, une intelligence dans la pieuse compagnie. Nous voulons parler de Pierre Blaise, son bibliothécaire.

Qu'était-ce que ce Pierre Blaise ? Son état civil ne nous est qu'imparfaitement connu. Lottin dans son *Catalogue des Libraires et des Libraires-imprimeurs de Paris depuis l'an 1470* fait mention, quelque part [1], d'un Pierre Blaise qui, d'après lui, devint libraire-juré le 30 Mars 1634 et adjoint le 2 Octobre 1643 [2]. Ce Pierre Blaise est-il le même que le nôtre ? En dehors de leur homonymie, deux raisons nous inclineraient assez à les identifier. La première, c'est que le *Diaire* de Séguier [3] ayant à parler sous la date du 19 Février 1640 du « M. Blaise » que le chancelier avait préposé à la garde de sa bibliothèque, lui donne formellement le titre de « libraire ». La seconde, c'est que Lottin qui ne manque, à peu près jamais, de conduire l'histoire des libraires dont il s'occupe jusqu'au moment de leur mort [4], devient subitement muet sur Pierre Blaise à partir du 2 Octobre 1643. Ce silence, selon nous, est absolument énigmatique. Il s'expliquerait très bien, au contraire, si l'on admettait que, un peu après 1643, Pierre Blaise quitta la librairie pour embrasser une autre carrière. Or, il se trouve que, précisément en 1645, le Pierre Blaise auquel Séguier avait confié sa bibliothèque entra dans l'Église.

Cette coïncidence de dates constitue, ce nous semble, un très fort argument en faveur de la thèse de l'identité des deux personnages.

Quoi qu'il en soit de cette question d'origine, une chose demeure certaine, c'est que le bibliothécaire de Séguier, comme nous le disions tout à l'heure, avait voix au Chapitre de Langres. Et il y avait voix pour une raison péremptoire, c'est qu'il en était membre [5].

---

[1] Paris, 1789, in-12.

[2] *Op. cit.* p. 12-13.

[3] Cet ouvrage, on le sait, a été publié en 1842 par M. Floquet sous le titre : *Diaire ou Journal du voyage du chancelier Séguier en Normandie après la sédition des nu-pieds* (Rouen, in-8°).

[4] Ainsi fait-il, par exemple, pour l'aïeul et le père de Pierre Blaise : « Blaise (Gilles), lisons-nous dans son *Catalogue*, libraire en 1573, meurt le 23 Mai 1634. — Son fils, Thomas, devint libraire juré en 1599, adjoint le 4 Août 1620, syndic le 6 Septembre 1621, meurt en 1654, laissant Pierre Blaise.... »

[5] Voyez, en effet, la Matricule de Saint-Mammès (Bibliothèque de Langres Mss. E. 492) t. I, fol. 203 v°. — La liste des chanoines de Saint-Mammès qui se lit à cet endroit est datée du 1er Mai 1645. C'est la première où se voie le nom de Blaise. Jusqu'en 1651, il figure sous cette rubrique : *Isti non sunt in sacris*. De 1651 (fol. 210 v°) à 1674, époque à laquelle il résigna en faveur de J.-B. Boutet, il est constamment rangé parmi les sous-diacres. Il est probable, par conséquent, qu'il n'avança jamais

Il est très probable, par conséquent, que ce fut lui qui suggéra aux chanoines de Saint-Mammès d'abandonner leur Nicolas de Lyra au chancelier [1].

Celui-ci, pour tempérer les regrets qu'avait peut-être causés, ou, du moins, que pourrait causer à quelques-uns d'entre eux le départ, pour Paris, du chef-d'œuvre confié à leur garde par Gui Bernard, se crut obligé de leur faire un cadeau. Il leur envoya un exemplaire de la Bible imprimée au Louvre en 1642 [2].

Les huit volumes in-folio dont se compose cet ouvrage, quoique selon l'expression très juste de Charles Nodier [3] « l'imprimerie ait produit peu de chefs-d'œuvre qu'on puisse leur comparer » étaient loin de valoir les sept tomes des *Postillæ*. Les bibliophiles qu'il y

---

plus avant dans les ordres. — Le 13 Avril 1646, Séguier écrivit, à son sujet, au Chapitre de Langres une lettre dont l'original est conservé aux Archives de la Haute-Marne et dont la copie nous a été fort obligeamment communiquée par notre savant ami M. Roserot. Nous croyons bien faire d'en reproduire ici le texte avec celui de la réponse des chanoines :

« Messieurs, le sieur Blaize, mon bibliothecquaire, qui est pourvu d'une prébende en vostre Église, m'a demandé permission d'aller à Langres pour faire son stage, ainsy qu'il est obligé, affin de pouvoir jouir des fruicts de son benefice, mais comme j'ay peyne de luy accorder de faire ce voyage, à cause du besoing que j'ay souvent de luy, ayant seul depuis longtemps la cognoissance de l'ordre de mes livres, je vous prie, Messieurs, s'il se peult, de le vouloir en ma consideration dispenser de ce stage, et mesme de la résidence, et de le tenir pour présent à cause du service qu'il rend auprès de moy. Je vous auray particulière obligation de la grace qu'il recevra de vous, vous assurant que j'en conserveray le souvenir et que s'il se rencontre occasion qui regarde les intherests du général ou du particulier de votre Compagnie je vous y tesmoigneray toujours volontiers que c'est avec affection que je suis,

« Messieurs,   « Votre très affectionné serviteur,

                                  « SÉGUIER. »

Au dos :

     « A MESSIEURS
    « MESSIEURS DU CHAPITRE
       « DE LANGRES
         « A LANGRES. »   (*Cachet aux armes du chancelier Séguier.*)

Au bas:

« Messieurs, à la recommandation de Monseigneur le chancelier Séguier, ont dispensé Monsieur Blaize, leur confrère, de son stage, pour les affaires auxquelles il est actuellement attaché auprès de la personne de Monseigneur. Faict au Chapitre le lundy XXIIIe Apvril 1646.

                             « Par ordonnance de Messieurs,

                                   « RENARD. »

(*Original*, Archives de la Haute-Marne, fonds du Chapitre de Langres, coté provisoirement G. 84).

[1] M. Kerviler (*op. cit.* p. 650-683,) reproduit le texte de quinze lettres du chancelier à Pierre Blaise. Ces quinze lettres qui ont été écrites en 1650, pendant la retraite de Séguier à Rosny, roulent sur deux sujets : la bibliothèque du chancelier et la poursuite d'un de ses anciens secrétaires, nommé Machon, qui venait de publier des libelles diffamatoires contre lui. Elles sont tirées des portefeuilles de Duchesne (*Bibliothèque Nationale*, t. LVII). Cfr. Léopold Delisle : *Cabinet des Manuscrits*, t. II, p. 78-90. — Dans le recueil des lettres reçues par Séguier, qui se conserve au même dépôt (*Français*, nos 17,317 à 17,412) figurent plusieurs lettres de Pierre Blaise à son Mécène. Voir en particulier: 17,380, fol. 104 (21 septembre 1644), — 17,395, fol. 41 (3 Janvier 1650), — 17,398, fol. 18 (11 Septembre 1651), — *Ibid.*, fol. 230 (13 Octobre 1651), — *Ibid.*, fol. 238 (18 Octobre 1651), — 17,399, fol. 389 (12 Juillet 1652), — *Ibid.*, fol. 408 (17 Juillet 1652), — 17,407 fol. 15 (7 Juin 1666) et 17,411, fol. 23 v° (8 Février 1668). — Pierre Blaise, d'après Charlet (*Langres savante*, p. 11) mourut à Paris, le 4 février 1674, laissant « plusieurs volumes manuscrits de ses lectures ». Ces manuscrits, qui sont aujourd'hui perdus, étaient intitulés : *Melliflua patrum*. Ce savant homme, disons-le en terminant, ne fut pas le seul chanoine de Langres qui, à cette époque, ait séjourné à Paris. Alexandre Cordier, l'auteur de l'*Histoire de Saint Mammès*, avait été, quelques années auparavant, précepteur de M. de Lamoignon, premier président du Parlement de Paris. — J.-B. Boutet, auquel Blaise laissa sa stalle, était probablement un des fils de Boutet, le dernier secrétaire de Séguier. En tout cas, il était parisien.

[2] Tabourot: *Histoire des Sainctes Reliques*, p. 520.

[3] *Bibliothèque sacrée grecque et latine* (Paris, 1826, in-8°), p. 131.

avait alors au Chapitre ne s'y trompèrent pas, et tout en admirant les « caractères exquis » du livre de Séguier, Théodecte Tabourot ne put s'empêcher, en le voyant, de consigner dans son *Histoire des Reliques* cette mélancolique réflexion : « Il n'est pas, dit-il, de pareille estime, parmi les intelligents et curieux des ouvrages d'ancienneté [1] ».

L'observation était juste, mais le Nicolas de Lyra n'en fut pas moins à jamais perdu pour Langres. L'époque exacte à laquelle eut lieu cette dépossession ne nous est pas connue. Tout ce que nous savons, c'est que la Bible donnée par le chancelier en échange des *Postillæ*, n'était pas encore à Saint-Mammès en 1649. On lit, en effet, sous la signature du chanoine Thibaut, à la fin d'un Inventaire des reliques de Saint-Mammès, qui est dit avoir été dressé le samedi 11 Septembre 1649 : « Nota qu'en l'Inventaire ci-dessus n'est pas fait mention de la Bible latine de M. le Chancelier, ni d'une petite croix d'argent, pendant après le livre de Saint-Vallier, *à cause que l'Inventaire était fait auparavant que ces choses fussent données* [2] ».

A son arrivée à l'hôtel de la rue du Bouloi, notre manuscrit fut immatriculé par Blaise parmi les autres livres qui composaient ce que Séguier appelait « sa mestresse et sa « bien aymée » c'est-à-dire sa bibliothèque. La place qui lui fut donnée prouve que le maître du lieu était fier de son acquisition et qu'il tenait à la fois à ce qu'elle fût à l'abri de tout danger et à ce quelle fût vue du public. Il la fit mettre au vestibule de la bibliothèque intérieure, sur la seconde table. Tel est, du moins, l'endroit où se trouvait le Nicolas de Lyra à l'époque où fut rédigé le *Bibliothecae interioris Seguerianae typus*, qui est conservé sous le n° 11,874 du fonds latin à la Bibliothèque Nationale [3].

Il y resta jusqu'en 1720 environ. Seulement, pendant cette période il fut soumis à bien des vicissitudes.

En 1672, il échut par voie d'héritage, avec le reste de la bibliothèque, au petit-fils du

---

[1] Tabourot, *ibid*. — Les 8 in-folios, malgré le léger discrédit jeté sur eux par Tabourot, furent, pendant longtemps, l'objet d'un soin jaloux de la part de MM. du Chapitre, ainsi qu'en témoigne le passage suivant d'un Ms. du chanoine Mahudel, intitulé : *Notes sur les Chapitres les plus importants de notre Église, depuis mon entrée en stage (1er Mai 1728) jusqu'au 22 Juillet 1740* : « 9 Décembre 1729. Chapitre *ostiatim* à l'occasion d'une Bible en 8 volumes in-folio, impression du Louvre. Il a été résolu que, sur mon récépissé, on me confierait ladite Bible pour en prendre soin, en attendant qu'il fût réglé quelque jour, si le lieu destiné à renfermer une bibliothèque serait dans l'enceinte de notre Église ou dans l'Hôpital Saint-Laurent ». — Le chanoine Guyot, à qui a appartenu le Ms de Mahudel, a ajouté à ce récit le *Nota* suivant : « N°. Après le décès de M. Mahudel, arrivé vers la fin de Mai 1765, j'ai rendu à MM. du Chapitre la Bible qui avait été mise en dépôt entre ses mains. Signé : Guyot, chanoine ». — Nous ignorons ce qu'est aujourd'hui devenue cette Bible.

[2] Mathieu : *Mss*. t. IV, p. 136.

[3] Ce catalogue, qui n'est pas daté, a dû être dressé après 1684. On y trouve, en effet, mentionnés des livres imprimés qui, à leur première page, portent ce millésime. Au fol. 12, on lit, sous la rubrique : *Bibliotheca interior. Vestibulum, tabula secunda* : «*Biblia cum glossâ ordinariâ Nicolai de Lyra. Vol. 7. In-4°. Ms.*». — Il existe, on le sait, dans notre grand établissement de la rue de Richelieu, plusieurs catalogues de la bibliothèque de Séguier. Voir les n°s 11,873 à 11,882 du fonds latin. Le n° 11,875 a pour titre : *Bibliothecæ exterioris Seguerianæ typus*. Il est l'œuvre de M. de Lignage. Dans le n° 11,878, fol. 46 v°, il est question d'un catalogue qui avait été dressé par Blaise en personne : *Catalogus librorum fbl. parch. par M. Blaise* ».

chancelier, Armand du Cambout, duc de Coislin. Celui-ci, on le sait, était un lettré. En 1685 [1] et en 1686 [2] il fit publier un double catalogue des livres de son aïeul : l'un en latin chez Cramoisy, l'autre en français chez F. Le Cointe. A la page 14 de ce dernier ouvrage, sous la rubrique *Miniatures*, figurent nos *Postillae* qui sont ainsi désignées : « *Glossa ordinaria, fol., bois, écrit sur parchemin, 7 vol.* »

A la mort du duc de Coislin (1702), les sept précieux volumes devinrent la propriété de son frère, Pierre du Cambout, cardinal de Coislin, évêque d'Orléans. Ce prélat, enfin, étant passé de vie à trépas dans la nuit du 4 au 5 février 1706, après avoir légué ses livres à son neveu, Henri-Charles du Cambout, évêque de Metz [3], notre Nicolas de Lyra, sans changer de demeure, changea une troisième fois de maître.

Son nouveau possesseur, personne ne l'ignore, était grand ami des Bénédictins. Il faisait partie de ce que dernièrement, on a — assez improprement, du reste — appelé « la Société [4] » de Saint-Germain-des-Prés. Il était très lié en particulier avec Dom Bernard de Montfaucon. En 1715, il chargea ce savant religieux de publier la Notice des manuscrits grecs de sa bibliothèque [5]. Cinq ans plus tard, en 1720, cette bibliothèque elle-même fut tout entière, par son ordre, transportée de l'Hôtel Séguier au célèbre monastère bénédictin, qui la posséda d'abord à titre de dépôt, et qui en devint propriétaire à la mort du donateur (28 Novembre 1732) [6].

Le manuscrit de Gui Bernard suivit naturellement les autres livres de Séguier dans leur nouveau domicile. Au catalogue de la bibliothèque de l'abbaye, il fut inscrit sous la cote 648 à 654 [7], qu'il porte encore au folio 9 v° de son tome I et au folio 1 r° de

---

[1] *Bibliothecæ Seguerianæ Catalogus.* (Parisiis, apud Andream Cramoisy, 1685, in-12).

[2] *Catalogue des Manuscrits de la bibliothèque de défunt Mgr. le chancelier Séguier.* (Paris, F. Le Cointe, 1686, in-12).

[3] On trouvera d'intéressants renseignements sur ce personnage dans René Kerviler : *La Bretagne à l'Académie au XVII° siècle.* (Paris, Palmé, 1879, in-8°) p. 393-431. Voir aussi l'éloge que lui a consacré Gros de Boze au t. IX des *Mémoires de l'Académie des Inscriptions et Belles-Lettres*, p. 247-251.

[4] Voir : Emmanuel de Broglie : *La Société de l'abbaye de Saint-Germain-des-Prés au XVIII° siècle. Bernard de Montfaucon et les Bernardins (1715-1750).* (Paris, Plon, 1891, 2 vol. in-8°).

[5] *Bibliotheca Coisliniana, olim Segueriana, sive manuscriptorum omnium græcorum quæ in ea continentur accurata descriptio, ubi operum singulorum notitia datur, ætas cujusque manuscripti indicatur, vetustiorum specimina exhibentur, aliaque multa annotantur quæ ad palæographiam græcam pertinent. Accedunt anecdota bene multa ex eadem bibliotheca desumpta cum interpretatione latina studio et operâ D. Bernardi de Montfaucon, presbyteri et monachi benedictini è congregatione S. Mauri.* (Parisiis, apud Lud. Guerin et Carol. Robustel, 1715, in-fol.)

[6] Léopold Delisle: *Le cabinet des manuscrits de la Bibliothèque Nationale*, t. II, p. 78. — Id : *Inventaire général et méthodique des manuscrits français de la Bibliothèque Nationale*, t. I, Introduction, p. CLII.

[7] Cfr. Léopold Delisle: *Inventaire des Manuscrits de Saint-Germain-des-Prés* (n°ˢ 11504-11231), fonds latin de la Bibliothèque Impériale. (Paris, 1868, in-8°).

ses six derniers volumes, avec cet *ex-libris* imprimé qui résume tout ce que nous venons de dire :

« *Ex bibliothecâ Mss. Coisliana, olim Segueriana, quam illust. Henricus du Cambout, dux de Coislin, par Franciae, episcopus Metensis, etc., monasterio S. Germani à Pratis legavit. Anno. M. DCCXXXII.* »

De 1720 à 1791, nos *Postillae* furent comme les peuples heureux : elles n'eurent pas d'histoire. En 1791, elles devinrent propriété d'État. Trois ans plus tard, enfin, en 1794, il leur fallut quitter leur pieux et docte asile. Un incendie, en effet, ayant, en cette année, dévoré une partie considérable des livres imprimés de la collection Séguier qui, jusque-là, étaient restés dans les bâtiments de l'abbaye, l'État, pour sauver les manuscrits, les fit transporter à la Bibliothèque Nationale.

Telle fut la dernière étape de notre Nicolas de Lyra. Dans l'espace d'environ quatre siècles, ce livre fit ainsi successivement partie de cinq bibliothèques : celle de Gui Bernard, celle du Chapitre de Langres, celle de Séguier, celle de Saint-Germain-des-Prés et celle de la rue de Richelieu.

Maintenant que nous en connaissons l'histoire, ouvrons-le et essayons de nous faire une idée de son illustration.

§ II

DESCRIPTION

Un mot, d'abord, de la physionomie de la division matérielle de l'ouvrage.

Le tome premier se compose de 8 feuillets blancs préliminaires, non chiffrés et de 280 feuillets de texte. Il comprend le Pentateuque, c'est-à-dire la Genèse, l'Exode, le Lévitique, les Nombres et le Deutéronome.

Le tome second renferme les livres de Josué, des Juges et de Ruth, les quatre livres des Rois et les deux livres des Paralipomènes. Les quatre premiers feuillets sont en blanc. Ils sont suivis de 254 feuillets de texte et de 8 feuillets préliminaires, qui sont également en blanc [1].

Le tome III comprend cinq livres : le premier d'Esdras, Néhémie, Esther, Job et les Psaumes et compte 3 feuillets préliminaires non écrits, 321 feuillets de texte, plus 2 feuillets blancs.

Le tome IV est occupé par les Proverbes, l'Ecclésiaste, le Cantique des Cantiques, Isaïe, Jérémie et Ezéchiel. On y trouve quatre feuillets blancs — trois au début, un à la fin — et 359 feuillets de texte.

Le tome V comprend 9 feuillets blancs — trois au commencement et six à la fin — et 338 feuillets de texte. Les 338 feuillets de texte sont répartis entre les livres suivants : Daniel, Osée, Joël, Amos, Abdias, Jonas, Michée, Nahum, Habacuc, Sophonie, Aggée, Zacharie, Malachie, Tobie, Baruch, l'Épître de Jérémie [2], l'Histoire de Suzanne,

---

[1] Des feuillets blancs se remarquent, en outre, entre le livre de Ruth et le premier livre des Rois (ff. 58-63) et entre le quatrième livre des Rois et le premier livre des Paralipomènes (ff. 204-206).

[2] Il s'agit ici, on le sait, du chapitre VI de Baruch.

l'Histoire de Bel, l'Histoire du Dragon[1], Judith, les deux livres des Machabées, la Sagesse, l'Ecclésiastique et le deuxième livre d'Esdras.

Le tome VI se divise comme suit : 3 feuillets blancs, 305 feuillets de texte et 3 feuillets blancs. Il est tout entier consacré aux Commentaires sur les Évangiles.

Le tome VII, enfin, renferme le reste du Nouveau Testament, c'est-à-dire les quatorze Épîtres de saint Paul, les Actes des Apôtres, l'Épître de saint Jacques, les deux Épîtres de saint Pierre, les trois de saint Jean, celle de saint Jude et finalement l'Apocalypse. Le nombre des feuillets est de 311 : six blancs, — trois au commencement et trois à la fin, — et 305 de texte.

En tête de ces sept volumes, Huguenot a placé, en guise de frontispice, une miniature à pleine page, savamment ordonnée, dont nous donnons ci-contre une reproduction.

Le motif général de cette composition est, comme on peut le voir, l'Église catholique. L'artiste langrois, pour traiter son sujet, s'est placé à un point de vue très élevé. L'Église, pour lui, est la société du Créateur avec celles de ses créatures qui ont reçu la raison en partage. Or, ces créatures, on le sait, sont de deux sortes. Les premières, qui furent appelées à l'union divine, sont les anges ; de là ce qu'on pourrait appeler l'Église angélique. Dans cette Église angélique une grande défection se produisit à l'instigation de Lucifer. Pour remplir les places laissées vides par les esprits déchus, Dieu créa l'homme : de là l'Église humaine. L'homme lui-même prévariqua ; Dieu, alors, entre toutes les nations choisit un peuple dont il fit son peuple : de là l'Église juive. Mais la synagogue n'était qu'une figure : dans la plénitude des temps, comme dit saint Paul, l'ombre fit place à la réalité : de là l'Église chrétienne, qui doit durer jusqu'à la fin du monde[2].

Telle est la thèse théologique, si j'ose ainsi dire, que le maître langrois s'est proposé de développer au seuil de son œuvre. Voyons comment il s'y est pris pour réaliser son idée.

Au sommet de la toile, tout naturellement, il a placé l'Église angélique, figurée par les neuf chœurs des anges en extase devant l'Éternel.

Au milieu, il a représenté l'Église humaine. Cette Église, on le sait, a eu pour chefs Adam et Ève. Guillaume Huguenot nous les montre dans le Paradis terrestre un instant avant leur chute. Debout, auprès d'un pont sous lequel coule le fleuve mystérieux dont parle l'Écriture (GEN. II. 10), Ève présente à son mari la pomme fatale que celui-ci repousse d'abord avec indignation, mais dont, tout à l'heure, il consentira à manger, pour

---

[1] Nicolas de Lyra, parlant de ce passage, désigne par là la partie deutéro-canonique de Daniel. L'histoire de Suzanne occupe le chapitre XIII de ce prophète, celle de Bel et du Dragon le chapitre XIV.

[2] Cfr. R. Jubaineux : Histoire universelle de l'Église catholique. Paris, Palmé, 1878, t. I, p. 1.

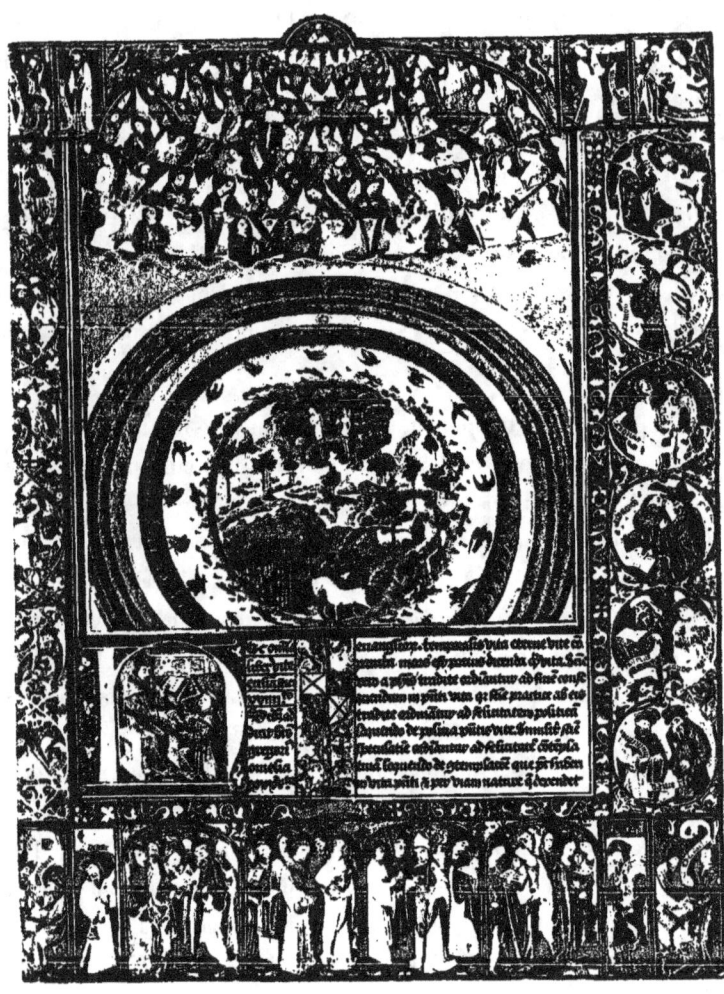

l'éternel malheur de sa race. Autour d'eux paissent, courent, grimpent ou se reposent, à l'ombre des arbres ou au soleil, des quadrupèdes de différentes espèces. Cheval, bœuf, porc, cerf, sanglier, renard, moutons, chèvre, singe ont tous une physionomie et une attitude bienveillantes : l'homme n'ayant pas encore péché, ils ne nourrissent à son égard que des sentiments d'amitié. Quant au jardin où ils s'ébattent, plusieurs théologiens le regardant comme un raccourci de la terre, Hugueniot lui a donné naturellement la forme de la terre elle-même. Il l'a peint telle qu'on se figurait la terre de son temps, c'est-à-dire complètement rond et baigné par deux fleuves : en bas, un fleuve d'eau, — le vieil Océan, — dans lequel se jouent des poissons : en haut, un fleuve d'air — l'atmosphère, — au milieu duquel volent, chantent ou bourdonnent des oiseaux et des insectes. Au-dessus du Paradis terrestre, enfin, Hugueniot a figuré les sept cercles qui, d'après le système de Ptolémée, séparaient le ciel de la terre. Plus haut s'étend la région des étoiles fixes à laquelle confine le premier mobile ou Empyrée, c'est-à-dire le séjour des bienheureux. L'artiste, on le voit, n'a rien oublié et a tenu à se montrer cosmographe aussi exact que profond théologien.

L'Église juive, surtout, paraît avoir été, de sa part, l'objet d'un soin particulier. Il lui a consacré l'encadrement de droite et l'encadrement de gauche de la miniature. Les noms des personnages bibliques qu'il a choisis pour la représenter nous sont révélés par les phylactères qu'ils portent dans leurs mains; quant à leur place, elle a été déterminée d'après l'importance ou la nature du rôle qu'ils ont joué pendant leur vie. Les quatre angles du cadre sont formés par quatre petits tableaux géminés renfermant chacun, dans un de leurs compartiments, un des quatre grands prophètes associé à un des quatre évangélistes et, dans l'autre, un des quatre grands patriarches. A l'angle supérieur de gauche, Isaïe est debout avec saint Mathieu : à leur droite se tient Noé. En face, à l'angle supérieur de droite, Jérémie converse avec saint Jean et il a à sa gauche Abraham. Dans les deux tableaux inférieurs correspondants se voient, à gauche, Ezéchiel et saint Marc avoisinés d'Isaac, et, à droite, Daniel et saint Luc accompagnés de Jacob. Quant aux colonnes proprement dites, elles se composent chacune de six médaillons à deux personnages. Ceux de gauche nous montrent les douze patriarches ainsi accouplés : Ruben et Juda, Gad et Azer, Nephtali et Manassé, Lévi et Siméon, Zabulon et Isacchar, Joseph et Benjamin. Ceux de droite contiennent les petits prophètes, qui sont rangés dans l'ordre suivant : Osée et Joël, Amos et Abdias, Jonas et Michée, Habacuc et Nahum, Aggée et Sophonie, Malachie et David [1].

Vient, enfin, l'Église chrétienne. Elle occupe une partie de la marge inférieure de la

---

[1] David tient ici la place de Zacharie.

composition et ses représentants sont distribués en quatre groupes : les Apôtres [1], les Martyrs [2], les Confesseurs [3] et les Saintes Femmes [4].

Voilà quelle est l'idée mère de cette curieuse miniature initiale [5] à laquelle on pourrait donner pour légende le titre de la seconde partie du *Discours sur l'Histoire universelle* de Bossuet : *La suite de la Religion*, et qui est sinon la plus artistique, au moins la plus importante de l'ouvrage.

Celles qui suivent sont simplement à mi-page. Leurs dimensions varient entre 135 à 140 millimètres de hauteur et 87 à 125 millimètres de largeur et leurs encadrements sont à la fois ornithomorphes, phyllomorphes et zoomorphes. Quant à leurs motifs, ils diffèrent naturellement selon la nature des livres qu'elles sont destinées à accompagner. Nous allons essayer de déterminer le sujet de chacune d'elles en suivant l'ordre des volumes. A partir du tome III cette détermination nous sera facile, l'artiste ayant pris soin d'indiquer, par des phylactères placés aux mains de ses principaux personnages, les scènes bibliques qu'il s'est proposé de représenter.

I. En dehors du frontispice, le tome I renferme quatre vignettes [6] :

— Fol. 89 v° (Début de l'Exode). — *Promulgation de la loi sur le mont Sinaï.* — Moïse, au front duquel

---

[1] Chacun d'eux a son attribut caractéristique. Saint Pierre, par exemple, porte dans ses mains les clefs traditionnelles et saint Paul un glaive et un livre.

[2] Au premier plan de ce groupe, trois personnages parfaitement reconnaissables et dont la présence confirmerait, s'il en était besoin, l'origine langroise du livre : à droite, un évêque céphallophore, qui est évidemment saint Didier ; un peu à gauche et la figure tournée vers le précédent, un martyr qui de ses mains soutient ses entrailles. C'est très certainement saint Mammès. Plus loin, enfin, un diacre vêtu d'une tunique rouge ; ce costume, à n'en pas douter, désigne saint Vallier.

[3] En tête de ce troisième groupe s'avance un évêque. Est-ce saint Grégoire ou est-ce Gui Bernard ? Ce pourrait très bien être aussi — et cette troisième hypothèse, vers laquelle nous inclinons, concilierait toutes choses, — saint Grégoire sous les traits de Gui Bernard. A gauche de l'évêque se tient, la crosse abbatiale en main, un moine que nous soupçonnons fort être saint Robert de Molesme, dont le culte, tombé en désuétude, fut restauré en notre diocèse par Gui Bernard, dans son synode de 1460, à l'époque même, par conséquent, ou à peu près, où fut exécutée notre miniature.

[4] La première sainte de ce groupe tient en main une épée. Serait-il possible de l'identifier avec sainte Léonille ?

[5] Dans l'H initiale du texte, Huguenjot a peint un moine à genoux devant un autre religieux plus âgé auquel il présente un pupitre sur lequel est placée une Bible. Celui-ci est censé adresser à son jeune confrère les paroles par lesquelles Nicolas de Lyra ouvre son commentaire : « *Hæc omnia liber vitæ.* — *Ecclesiastici XXIV t°.* — *Secundum quod dicit sanctus Gregorius.* — *Omelia XXXVta Evangeliorum.* — *Temporalis vita eterne vite comparata mors est potius dicenda quam vita. Scientie vero tradite a prophanis ordinantur ad finem consequendum in presenti vita, quia scientie practice ab eis tradite ordinantur ad felicitatem politicam, loquendo de policia presentis vite. Similiter scientie speculative ordinantur ad felicitatem contemplativam, loquendo de contemplatione que potest haberi in vita presenti et per viam nature que dependet...* » — Entre les deux colonnes de ce texte, sont, comme nous l'avons dit, représentées les armes de Gui Bernard.

[6] Dans ce nombre, nous ne comprenons pas, quoiqu'ils soient coloriés, les dessins ayant pour but de faire comprendre au lecteur la configuration des objets décrits dans le texte sacré. Ces dessins sont de deux sortes. Les uns concernent l'Arche de Noé, les autres le Tabernacle. L'Arche de Noé est représentée deux fois au fol. 25, et cela sous deux formes différentes : sphérique à gauche et polygonale à droite. Quant au Tabernacle, son architecture et son mobilier nous sont décrits dans une série de figures dont voici les légendes : Fol. 135 : « *Figura arche propitiatorii et Cherubin secundum Ra.Sa* » (Rabbi Salomonem). Ibid : « *Figura arche, propitiatorii et Cherubin secundum alios doctores.* » — Fol. 136 : « *Figura mense propositionis, cum*

brillent deux rayons lumineux, est à genoux devant Jéhovah [1]. Celui-ci lui remet les deux tables de pierre où sont inscrites ses volontés. Au bas de la montagne, se trouvent les Hébreux. Derrière eux, se voit la mer Rouge d'où émergent des têtes d'hommes et de chevaux mêlées à des piques [2].

— Fol. 160 v° (Début du Lévitique). — *Le Sacrifice.* — Moïse a sur les bras un agneau qu'il s'apprête à offrir en holocauste. Derrière lui, au premier plan, des prêtres, en chappes, chantent à un pupitre. Plus loin, un groupe de fidèles, dont les uns prient et dont les autres se communiquent leurs impressions [3].

— Fol. 195 v° (Début des Nombres). — *Apparition de Dieu.* — Jehovah se montre à Moïse. Le législateur des Hébreux va ensuite annoncer au peuple ce que le Seigneur lui a dit [4].

— Fol. 238 (Début du Deutéronome). — *Récapitulation de la loi.* — Moïse, muni d'un livre richement relié, qui renferme le résumé et le commentaire des ordonnances précédemment promulguées, s'avance pour parler aux Juifs. A côté [5] de lui, est porté un étendard sur lequel figure le serpent d'airain.

II. Au tome II on compte huit [6] miniatures :

— Fol. 1 (Début de Josué). — *Mission de Josué.* — Le successeur de Moïse est revêtu de l'habit des chevaliers. Dieu lui donne ses ordres pour le passage du Jourdain [7].

— Fol. 27 (Début des Juges). — *Mission de Gédéon.* — Plusieurs Israélites, les yeux pleins de larmes, gémissent sur la dureté du joug que font peser sur eux les Chananéens. Non loin est assis un juge à

---

panibus et thure supposito in vase, secundum Raby Salomonem. » — Fol. 136 v° : « *Figura mense propositionis, cum panibus et thure supposito in vase, secundum alios doctores.* » — Fol. 137 : « *Figura candelabri secundum Ra. Sa.* » — Fol. 137 v° : « *Figura candelabri secundum alios doctores.* » — Fol. 139 : « *Quinque cortine.* » — Fol. 139 v° : « *Constructio tabularum in angulo occidentali.* » — Ibid : « *Due tabule simul juncte.* » — Fol. 140 v° « *Viginti tabule claudentes unum latus tabernaculi secundum longitudinem suam id est XXX cubitorum.* » — Fol. 142 : « *Altare holocausti secundum latinos.* » — Fol. 142 v°, « *Altare holocausti secundum hebreos.* » — Fol. 148 v° « *Figura summi sacerdotis ad partem anteriorem. Pars posterior est per ymaginationem explenda.* » — Fol. 152 : « *Descriptio tabularum secundum doctores latinos.* » — Ibid : « *Descriptio tabularum secundum doctores hebraicos.* » — Au fol. 160, en outre, est indiqué le plan général du Tabernacle et au fol. 190 la place de chacune des dix tribus autour du Saint et du Saint des Saints.

[1] Les costumes des personnages de toutes les miniatures, — disons-le ici afin de n'avoir pas à y revenir — sont ceux du XVe siècle. Cfr. Quicherat (J.) : *Histoire du costume depuis les temps les plus reculés jusqu'à la fin du XVIIIe siècle.* (Paris, Hachette, 1875, in-8°).

[2] Voir *Exode*, c. XIX et XXXIV.

[3] Cfr. *Lévitique*, c. VIII.

[4] Il s'agit là, vraisemblablement, de l'apparition racontée au chapitre I des Nombres, où, comme l'on sait, Dieu commanda à Moyse de faire le dénombrement des Hébreux.

[5] *Deutéronome*, c. V et suivants.

[6] Plus divers croquis explicatifs du texte. — Le fol. 147, par exemple, contient le plan du temple de Salomon. Au fol. 148 est figuré le déambulatoire du même édifice. Viennent, ensuite, plusieurs dessins dont l'objet est ainsi indiqué : Fol. 150 : « *Frons domus saltus Libani.* » — Fol. 151 : « *Descriptio parcimenti domus saltus Libani.* » — Fol. 152 : « *Figura capitelli secundum Latinos.* » — Fol. 153 v° : « *Figura capitelli secundum Ra. Sa.* » — Fol. 154 v° « *Figura maris enei secundum Ra. Sa.* » — Fol. 155 : « *Figura maris enei secundum Josephum.* » — Aux ff. 197 v° et 198, enfin, se voit une double figure du gnomon dont il est parlé au chapitre XX du IVe livre des Rois à propos d'Ezéchias.

[7] *Josué*, c. I.

robe rouge, — probablement Gédéon [1] — qui écoute les mains jointes ce que Dieu lui commande pour le salut de son peuple.

— Fol. 53 v° (Début de Ruth). — *Le Champ de Booz.* — Un moissonneur coupe des épis avec une faucille. Derrière lui, une femme occupée à lier une gerbe. Derrière cette femme, enfin, Ruth qui glane à côté de Booz. Celui-ci est censé lui dire : « *Ne vadas in alterum agrum ad colligendum* [2] ».

— Fol. 63 (Début du premier livre des Rois). — *Sacre de Saül.* — Samuel oint avec un pinceau le front du premier roi d'Israël. A côté du prophète, un jeune Hébreu qui tient dans ses mains la couronne qui tout à l'heure sera placée sur la tête de Saül. Un groupe de huit personnages assiste à la cérémonie [3].

— Fol. 106 (Début du second livre des Rois). — *David apprend la mort de Saül.* — Le Roi-Prophète trône, couronne en tête, sous un dais. Autour de lui, le front chargé de tristesse, ses conseillers et ses courtisans. Arrive un guerrier armé d'une pique. C'est l'Amalécite qui a tué Saül et qui apporte la nouvelle de sa mort. D'une main il se découvre et de l'autre il touche la frange du manteau royal [4].

— Fol. 138 v° (Début du troisième livre des Rois). — *La vieillesse du Roi-Prophète.* — David est étendu sur son lit. Son corps est décharné et la fatigue morale est peinte sur son visage. D'un côté de sa couche, deux femmes, également affligées, dont l'une touche les genoux refroidis du vieux monarque. De l'autre, une jeune fille, — évidemment la jeune Abisag de Sunam, — à laquelle le roi donne sa main à baiser [5].

— Fol. 176 (Début du quatrième livre des Rois). — *Mort d'Ochozias, roi d'Israël.* — Ochozias vient de tomber de la fenêtre d'une chambre haute de son palais à Samarie. Une femme soutient ses épaules. En face de lui, la reine, sa femme, puis deux autres personnages qui poussent des gémissements [6].

— Fol. 207 (Début du premier livre des Paralipomènes). — *David châtié par Dieu pour avoir fait le dénombrement de ses sujets.* — Sept personnages, dont un roi, — que nous croyons être David, — sont assis à côté l'un de l'autre et se lamentent [7].

La miniature initiale du second livre des Paralipomènes a été oubliée par Hugueniot. Sa place est en blanc.

III. Le tome III est orné de cinq miniatures :

— Fol. 1 (Début du premier livre d'Esdras). — *Édit de délivrance de Cyrus.* — Le roi des Perses est assis sur son trône. Deux officiers de sa couronne se tiennent debout auprès de lui. De l'une de ses mains s'échappe un phylactère sur lequel on lit ces paroles empruntées au début de son édit de déli-

---

[1] *Juges*, c. VI.

[2] *Ruth*, c. II, v. 8.

[3] I. *Rois*, c. X.

[4] II. *Rois*, c. I.

[5] III. *Rois*, c. I, v. 1-4.

[6] IV. *Rois*, c. I.

[7] I. *Paralipomènes*, c. XXI.

vrance : « *Omnia regna terre dedit mihi Dominus* [1] ». De l'autre, il presse la main d'un suppliant agenouillé à ses pieds. Ce suppliant, que nous supposons être Esdras ou Zorobabel, rappelle à Cyrus le verset dans lequel, bien des années auparavant, Isaïe avait annoncé ses providentiels exploits : « *Hæc dicit Dominus Christo meo Cyro cujus apprehendi dexteram* [2]. » La scène est complétée par un groupe de trois hébreux, debout, dans l'attitude d'un profond abattement.

— Fol. 11 v° (Début de Néhémie). — *Reconstruction du Temple.* — Néhémie surveille les travaux ayant en main un phylactère avec ces mots : « *Ædificavimus murum et conjunximus totum usque ad partem dimidiam* [3] ». Devant lui, un sculpteur taille un bloc de pierre. A côté, un homme et une femme apportent des matériaux. Plus haut et dominant toute cette scène, deux tours flanquant une église [4] surmontée d'un clocher. Des fenêtres de la tour de droite un ouvrier tend à Néhémie une équerre.

— Fol. 24 v° (Début d'Esther). — *Esther devant Assuérus.* — Le roi de Perse est assis sur son trône avec tous les insignes de sa puissance. A ses pieds, est agenouillée Esther, derrière laquelle se tiennent plusieurs autres vierges israélites. L'une de ces jeunes juives porte un phylactère où est écrit ce fragment du verset 2 du chapitre II du livre d'Esther : « *Quærantur regi virgines puelle et speciose.* »

— Fol. 34 v° (Début de Job). — *Le triomphe de la patience.* — Dieu est debout, le globe du monde en mains. Devant lui, Job et Satan. Job joint les mains dans l'attitude de la résignation. Quant à Satan, Dieu est censé lui adresser, en lui montrant le patriarche idumeén, ces paroles qui se lisent sur un phylactère placé par côté : « *Verumtamen animam illius serva* » [5]. Le sens moral de la scène nous est indiqué dans ce mot de saint Jacques, écrit en haut du tableau : « *Patientia opus perfectum habet* [6] ».

— Fol. 101 (Début des Psaumes). — *Annonce du Messie.* — David prie humblement prosterné. A côté de lui, sa lyre et son chapeau. Dieu lui apparaît, d'en haut, portant un phylactère où on lit : « *De fructu ventris tui ponam super sedem tuam* » [7].

IV. **Le tome IV possède 8 miniatures, une en tête de chaque livre. Isaïe et Jérémie, en dehors de cette vignette initiale, en ont une seconde [8] dans l'intérieur du texte :**

— Fol. 1 (Début des Proverbes). — *La leçon de morale.* — Salomon est assis sur son trône. D'une main il porte un sceptre, de l'autre un phylactère contenant cette exhortation : « *Audite, filii, disciplinam*

---

[1] I. *Esdras*, c. X, v. 2. — Cfr. II. *Paralip.*, c. XXXVI, v. 23.

[2] *Isaïe*, c. XLV, v. 1.

[3] *Néhémie*, c. IV, v. 6.

[4] Ne pourrait-on pas voir dans cette église un plan de la cathédrale Saint-Mammès, telle qu'elle était avant l'incendie du 18 avril 1562?

[5] *Job*, c. II, v. 6.

[6] *Saint Jacques, Épître*, I, 4.

[7] *Psaume* CXXXI, v. 11.

[8] Au commentaire sur le chapitre XXVIII d'Isaïe est jointe, en outre, une double reproduction du cadran solaire d'Achaz (ff. 145 et 145 v°). — Le texte de Jérémie, d'autre part, est éclairé par plusieurs croquis représentant les emblèmes des quatre évangélistes (ff. 272 v° et 273) et les diverses parties du temple mystérieux dont il est question aux chapitres VIII, XL et suivants. Voir ff. 281 v°, 320 v°, 321 v°, 322 v°, 323, 327 v°, 328 v°, 330 v°, 332 r° et v°, 340 v°, 341, 349, 352.

patris » [1]. Autour de lui, des courtisans qui écoutent ses paroles. A la fenêtre de gauche, un fou montre sa tête ; à celle de droite, se tient un singe qui serre dans ses bras un enfant.

— Fol. 41 (Début de l'Ecclésiaste). — *Le Coheleth*. — Salomon continue la leçon commencée au livre précédent. Seulement son phylactère est en blanc.

— Fol. 60. (Début du Cantique des Cantiques. — L'*Union de J.-C. avec son Église*. — Notre Seigneur apparaît, dans un nimbe, tenant dans ses mains le globe du monde surmonté de la croix. Au bas, deux groupes de personnages représentant probablement les deux éléments dont se compose l'Église : à gauche, un pape et deux cardinaux, c'est-à-dire l'élément ecclésiastique ; à droite, un empereur, un roi et deux autres seigneurs, c'est-à-dire l'élément laïque.

— Fol. 74 v° (Début d'Isaïe). — *La Vierge-mère*. — Marie montre à Isaïe l'Enfant-Jésus. Le prophète tend à la Vierge un phylactère où est écrit le verset du chapitre VII de ses prédictions : « *Ecce virgo concipiet et pariet* ». Devant Isaïe, un groupe d'Israélites qui paraissent tout stupéfaits de l'annonce d'un pareil prodige [2].

— Fol. 87 v°— *Le Trisagion au ciel*. — Jehovah est assis « sur un trône sublime et élevé ». De chaque côté de ce trône, deux séraphins ayant chacun six ailes [3].

— Fol. 193 (Début de Jérémie). — *Jérémie exhorte les Juifs à observer l'alliance de Jehovah*. — Plusieurs Israélites vont trouver le prophète. La consternation est peinte sur leurs visages. Deux d'entre eux sont munis d'un phylactère. Sur le premier est indiqué le motif qu'ils ont d'espérer : « *Tu autem in nobis es, Domine* » [4] ; sur le second est formulée une prière : « *Ne derelinquas nos* » [5]. Le prophète leur indique le moyen de sortir de l'infortune : « *Facite omnia que precipio vobis et eritis mihi in populum, dicit Dominus* » [6].

— Fol. 258 v° (Début des Lamentations). — *Ruine de Jérusalem*. — Derrière des tours à demi ruinées sont groupés différents Israélites. L'un d'eux, plus élevé que ses compagnons, tient un phylactère où est exposée la grande misère où se trouve la ville sainte : « *O vos omnes qui transitis per viam attendite et videte* » [7]. Plus bas, apparaît le prophète, patriotiquement abîmé dans sa douleur. La cause de la ruine de Jérusalem est indiquée sur le phylactère qu'il porte à la main : « *Peccatum peccavit Jerusalem, propterea instabilis facta est* » [8].

— Fol. 268. (Début d'Ezéchiel). — *Mission d'Ezéchiel*. — Le prophète est agenouillé devant Jehovah et est censé lui dire ce qui est écrit sur son phylactère : « *Domine Deus, anima mea non est*

---

[1] *Proverbes*, c. IV, v. 1.

[2] *Isaïe*, c. VII, v. 14.

[3] Ce tableau est la mise en scène du ch. VI d'Isaïe.

[4] *Jérémie*, c. XIV, v. 9.

[5] *Id.*, ibid.

[6] *Id.*, c. XI, v. 4.

[7] *Id.* Lamentations, c. I, v. 12.

[8] *Id.*, ibid., v. 8.

polluta » [1]. Le Seigneur lui répond : « *Fili hominis, speculatorem dedi te domui Israël* » [2]. Un groupe de Juifs contemple cette scène.

V. Le tome V est le plus riche en vignettes de tout l'ouvrage. Il n'en renferme pas moins de vingt-cinq [3] :

— Fol. 1. (Début de Daniel). — *Interprétation du songe de Nabuchodonosor*. — Le roi d'Assyrie est assis sur son trône dans un palais au frontispice duquel on lit : « *Rex Nabuchodonosor* ». Dans ses mains, un phylactère avec cette inscription : « *Putasne verè potes mihi indicare somnium* [4] » ? Devant lui, Daniel qui est censé répondre : « *Tu rex, in sempiternum vive* » [5]. Derrière le prophète, enfin, un groupe d'Israélites dont l'un montre à ses compagnons Jehovah qui apparaît, en haut, dans un nuage d'or en leur disant : « *Est Deus in cœlo revelans mysterium* [6] ».

— Fol. 50 (Début d'Osée). — *Mariage prophétique*. — Dieu dit à Osée : « *Accipe tibi uxorem fornicationum* » [7]. Derrière le prophète, se tient l'épouse symbolique qu'il lui est ordonné de prendre.

— Fol. 67 v° (Début de Joel). — *L'ivresse spirituelle du peuple de Dieu*. — Trois femmes banquettent joyeusement en compagnie de deux hommes. Sous la table, un chat et une levrette qui mangent les restes du festin. Le prophète s'avance vers les convives et leur dit : « *Expergiscimini, ebrii, et flete* [8] ».

— Fol. 74 (Début d'Amos). — *La trompette du salut*. — Amos tient une trompette de laquelle s'échappent ces paroles : « *Tuba spiritualis est medicatio* [9] ». Devant lui, des Juifs consternés.

— Fol. 84 (Début d'Abdias). — *Condamnation des Iduméens*. — Abdias a devant lui un soldat du pays d'Edom auquel il reproche son orgueil : « *Superbia cordis tui extulit te* [10] ».

— Fol. 87 (Début de Jonas). — *Une retraite à Ninive*. — Le prophète annonce aux Ninivites la ruine de leur cité : « *Adhuc quadraginta dies et Ninive subvertetur* [11] ».

— Fol. 90 (Début de Michée). — *Menaces contre Samarie*. — Dieu montre Samarie au prophète et lui dit : « *Ponam Samariam quasi acervum lapidum in agro cum plantatur vinea* [12] ».

---

[1] *Ezéchiel*, c. IV, v. 14.

[2] *Id.*, c. III, v. 17.

[3] Plus, au fol. 41, l'arbre généalogique des Rois de Syrie et d'Égypte.

[4] *Daniel*, c. II, v. 26.

[5] *Ibid.*, v. 4.

[6] *Ibid.*, v. 28.

[7] *Osée*, c. I, v. 2.

[8] *Joel*, c. I, v. 5.

[9] Nous ignorons à quel auteur ce texte est emprunté.

[10] *Abdias*, v. 3.

[11] *Jonas*, c. III, v. 4.

[12] *Michée*, c. I, v. 6.

— Fol. 98 (Début de Nahum). — *Ninive sera châtiée.* — Devant le prophète se tiennent cinq Assyriens. Nahum les menace de la colère de Dieu : « *Deus zelans et ulciscens Dominus in hostes suos* [1] ».

— Fol. 102 (Début d'Habacuc). — *Annonce de la chute de Babylone.* — Dieu apparaît à Habacuc et lui dit : « *Væ ei qui multiplicat non sua* [2] ». Celui-ci, scandalisé par les triomphes des Assyriens idolâtres, répond : « *Cur in rebus humanis et mundi istius pompis tantâ versatur iniquitas?* » A côté de lui, plusieurs personnages réunis devant un édifice.

— Fol. 107 (Début de Sophonie). — *Châtiment prochain des Moabites et des Ammonites.* — Dieu dit à Sophonie : « *Moab ut Sodoma est et filii Ammon quasi Gomorrha* [3] ». Celui-ci exhorte ses compatriotes, rangés derrière lui, à la douceur : « *Quærite Dominum omnes mansueti terræ* [4] ».

— Fol. 111 v° (Début d'Aggée). — *La gloire du second temple.* — Dieu s'adressant au prophète : « *Implebo domum istam gloria,* » dit-il, et Aggée répond : « *Veniet desideratus cunctis gentibus* [5] ».

— Fol. 115 (Début de Zacharie). — *Entrée triomphale du Messie à Jérusalem.* — Le Christ monté sur un ânon apparaît au prophète et lui dit : « *Ego enim Deus eorum exaudiam eos* ». Zacharie montre à un groupe de Juifs affligés cette consolante vision et ajoute : « *Ecce rex tuus venit tibi justus et ascendens super asinam* [6] ».

— Fol. 132 (Début de Malachie). — *L'avènement du Sauveur.* — L'Homme-Dieu est assis sur un trône : du sang coule de ses mains, de ses pieds et de son côté. Il porte un phylactère où est écrit : « *Accedam ad vos in judicio et ero testis velox maleficis* [7] ». Au-dessous de lui, des anges qui soufflent dans des trompettes. Plus bas encore, le prophète, disant à ceux qui l'entourent en parlant du Christ : « *Quis poterit cogitare diem adventus ejus* [8] ?».

— Fol. 137 (Début de Tobie). — *Obligation de l'aumône.* — Le vieux Tobie, aveugle, conduit par sa femme, s'avance vers son fils, derrière lequel sont rangés plusieurs infirmes et lui adresse cette exhortation : « *Ex substantia tuâ fac eleemosynam et noli avertere faciem tuam ab ullo* [9] ».

— Fol. 149 v° (Début de Baruch). — *Vanité des grandeurs humaines.* — Le prophète a devant lui un groupe d'Israélites et leur demande : « *Ubi sunt principes gentium qui argentum et aurum thesaurizant in quo confidunt homines?* [10] ». Un des auditeurs répond : « *Exterminati sunt et ad inferos descenderunt et alii ad sedem eorum exsurrexerunt* [11] ».

---

[1] *Nahum*, c. I, v. 2.

[2] *Habacuc*, c. II, v. 6.

[3] *Sophonie*, c. II, v. 9

[4] *Id.*, ibid., v. 3.

[5] *Aggée*, c. II, v. 8.

[6] *Zacharie*, c. IX, v. 9.

[7] *Malachie*, c. III, v. 5.

[8] *Id.*, ibid., v. 2.

[9] *Tobie*, c. IV, v. 7.

[10] *Baruch*, c. III, v. 16 et 18.

[11] *Id.*, ibid., v. 19.

— Fol. 156 v° (Début de l'Épître de Jérémie). — *La Captivité de Babylone.* — Des Juifs sont debout derrière les murs d'une prison. Jérémie leur montre le Seigneur prêt à les secourir et leur dit : « *Dicite in cordibus vestris : te oportet adorari* [1] ».

— Fol. 159 v° (Début de l'histoire de Suzanne). — *L'Innocence reconnue.* — La chaste Israélite est à genoux, les yeux voilés, les mains attachées par des liens. Les deux vieillards l'accusent et invoquent contre elle le témoignage de celui qui la tient enchaînée. De ses lèvres s'échappe cette prière : « *Domine Deus, tu scis quod falsum tulerunt contra me testimonium* [2] ». Devant elle, le petit Daniel que les juges se montrent du doigt et qui porte un phylactère où on lit : « *Sic fatui condemnastis filiam Israel?* [3] ».

— Fol. 163 v° (Début de l'histoire de Bel). — *Premier refus d'idolâtrie.* — Nabuchodonosor, assis sur son trône, montre à Daniel l'image de Bel qui se dresse, entre deux cierges, sur un autel. Le dieu est représenté tenant d'une main un bouclier et de l'autre une lance. Le roi de Babylone demande au prophète : « *Quare non adoras Bel?* [4] » et Daniel répond, montrant à son tour au monarque Jehovah qui apparaît à une fenêtre de l'édifice : « *Quia non ydola colo sed viventem Deum qui fecit celum et terram* [5] ».

— Fol. 166 (Début de l'histoire du Dragon). — *Second refus d'idolâtrie.* — Sur l'autel d'un temple au frontispice duquel est écrit : « *Belis et draconis* », un dragon repose entre deux flambeaux. Le roi le montre à Daniel en lui disant : « *Adora eum* », et le prophète répond en désignant du doigt le Dieu des Juifs : « *Dominum Deum meum adoro quia ipse est vivens* [6] ».

— Fol. 166 (Début de Judith). — *La mort d'Holopherne.* — Judith place dans un sac que lui tend une servante la tête du général assyrien, en récitant ce verset de son cantique : « *Dominus omnipotens nocuit eum et tradidit in manus feminae* [7] ». Un des assistants, faisant chœur avec elle, chante un des versets suivants : « *Adonai Domine magnus es tu... tibi serviat omnis creatura* [8] ».

— Fol. 180 (Début du premier livre des Machabées). — *Mathathias.* — Antiochus est assis sur son trône. Un des officiers désigne du doigt au père des Machabées trois idoles qui se dressent sur un autel entre deux cierges allumés : « *Fac*, lui dit-il, *jussum regis et eris tu et filii tui inter amicos regis* [9] ». Mathathias répond : « *Non est nobis utile relinquere legem et justicias Dei* [10]. » Puis, se tournant vers ses fils : « *Vos filii*, dit-il, *confortamini et viriliter agite* [11]. »

---

[1] *Baruch*, c. VI, v. 5.

[2] *Daniel*, c. XIII, v. 42 et 43.

[3] *Id.*, ibid., v. 48.

[4] *Daniel*, c. XIV, v. 3.

[5] *Id.*, ibid., v. 4.

[6] *Daniel*, c. XIV, v. 23 et 24.

[7] *Judith*, c. XVI, v. 7.

[8] *Id.*, ibid., v. 16 et 17.

[9] 1 *Machabées*, c. II, v. 18.

[10] *Id.*, ibid., v. 21.

[11] *Id.*, ibid., v. 64.

— Fol. 203 v° (Début du second livre des Machabées). — *Judas harangue ses troupes.* — Une poignée de soldats précédés d'un trompette. Devant ces soldats, Judas portant deux phylactères : sur le premier se lit un fragment de sa prière à Dieu : *Nunc Dominator celorum mitte angelum tuum bonum ante nos* [1] » ; sur l'autre, les paroles que lui adressa Jérémie en lui apparaissant : « *Accipe, fili mi, gladium sanctum munus à Deo* [2] ».

— Fol. 225 (Début de la Sagesse). — *La prière du sage.* — Salomon est agenouillé devant un autel sur lequel brûlent deux flambeaux et au-dessus du rétable duquel sont représentées les trois personnes de la Sainte-Trinité : « *Da mihi, Domine*, dit-il à Dieu, *sedium tuarum assistricem sapientiam* [3] ».

— Fol. 252 (Début de l'Écclésiastique). — *Conditions de la possession de la sagesse.* — Un vieillard a devant lui un enfant auquel il fait cette recommandation : « *Fili, concupiscens sapientiam, conserva justitiam et Deus prebebit illam tibi* [4] ». Plusieurs personnages assistent à cet entretien.

— Fol. 330 (Début du second livre d'Esdras) [5]. — *Mission du sacerdoce juif.* — Le roi Josias parle à des lévites : « *Deservite Domino Deo nostro*, leur dit-il, *et curam agite gentis illius Israel* [6] ».

VI. Le tome VI renferme seulement quatre tableaux, mais chacun de ces tableaux contient plusieurs scènes :

— Fol. 1 (Début de Saint Mathieu) — *La vocation.* — Le futur apôtre est assis à son telonium sur lequel sont placés deux bourses et auquel est adossé un médaillon renfermant son nom avec son portrait. Notre Seigneur lui dit : « *Veni sequere me* [7] ». A côté une salle de festin. C'est le festin donné par saint Mathieu après sa conversion. Douze convives y prennent part. Notre Seigneur est au milieu. Le personnage qui est à sa droite — probablement un pharisien — lui pose étonné cette question : « *Quare tu cum publicanis et peccatoribus manducas* [8] ». Le Maître répond : « *Non veni vocare justos, sed peccatores* [9] ».

— Fol. 107 (Début de Saint Marc). — *Jésus triomphe de la mort.* — Notre Seigneur sort victorieux du tombeau et s'écrie : « *Qui crediderit et baptisatus fuerit, salvus erit* [10] ». L'évangéliste qui est devant lui, dit, en le montrant aux personnages qui lui font cortège : « *Ecce vicit leo de tribu Juda* [11] ». Au bas du tableau, un lion, l'emblème de saint Marc.

---

[1] II *Machabées*, c. XV, v. 23.

[2] *Id.*, ibid., v. 16.

[3] *Sagesse*, c. IX, v. 4.

[4] *Ecclésiastique*, c. I, v. 33.

[5] Ou pour mieux dire du troisième, car le second c'est le livre de Néhémie.

[6] III *Esdras*, c. I, v. 4.

[7] *St Mathieu*, c. IX, v. 9.

[8] *Id.*, ibid., v. 11.

[9] *Id.*, ibid., v. 13.

[10] *St Marc*, c. XVI, v. 16.

[11] *Apocalypse*, c. V, v. 5.

— Fol. 131 (Début de Saint Luc). — *Gethsemani*. — A gauche, dans le lointain, Jérusalem. Un peu plus bas, des soldats armés de piques, d'épées et de torches conduits par Judas. A quelques pas de là, Jésus, assisté d'un ange, adresse à son Père, qui lui apparaît du haut du ciel, cette supplication : « *Pater, si vis, transfer a me calicem istum* [1] ». En face du Sauveur, l'évangéliste portant un phylactère sur lequel est écrit : « *Quaerebant principes sacerdotum* [2] ». Plus bas enfin, le bœuf, ou plutôt, le veau ailé, emblème de saint Luc.

— Fol. 185 v° (Début de saint Jean). — *Le disciple de l'amour et l'évangéliste théologien*. — Saint Jean est assis aux pieds de Notre Seigneur et écrit, comme sous sa dictée : « *In principio erat Verbum* [3] ». Le Maître montrant l'apôtre dit : « *Hic est discipulus meus* ». Derrière saint Jean, un personnage qui complète son éloge par ces mots : « *Ascendit super Cherubim et Seraphim* ». Au bas, l'aigle symbolique.

VII. Les miniatures du tome VII° et dernier s'élèvent au nombre de 23 :

— Fol. 1 (Début de l'épître aux Romains). — *Utilité de l'Écriture sainte*. — Le pape tient conseil, la tiare en tête. Autour de son trône, dans l'attitude de gens qui émettent un avis, des cardinaux et des prélats. Un de ces derniers porte une banderole où on lit : « *Quaecumque scripta sunt ad nostram doctrinam scripta sunt* [4] ».

— Fol. 30 (Début de la première épître aux Corinthiens). — *Les schismes dans l'Église*. — Le Christ est en croix. Au-dessous de lui, à gauche, saint Paul qui dit aux Corinthiens : « *Nos autem praedicamus Christum crucifixum* [5] ». A droite, plusieurs Corinthiens qui énumèrent successivement les personnages pour lesquels ils tiennent. Le premier dit : « *Ego Pauli quidem sum* ». Le second : « *Ego autem Apollonis* ». Le troisième : « *Ego vero Cephae* ». Le quatrième, enfin : « *Ego vero Christi* [6] ».

— Fol. 81 (Début de la deuxième épître aux Corinthiens). — *Les semailles de la vie*. — Saint Paul s'adressant à un groupe de fidèles de Corinthe leur rappelle ce verset de son épître : « *Qui parce seminat, parce et metet, et qui seminat in benedictionibus de benedictionibus et metet* [7] ».

— Fol. 104 v° (Début de l'épître aux Galates). — *La charité entre chrétiens*. — L'apôtre dit aux Galates : « *Dum tempus habemus operemur bonum ad omnes et maxime ad domesticos fidei* [8] ».

— Fol. 116 (Début de l'épître aux Éphésiens). — *Imitation de Jésus-Christ*. — Saint Paul parle aux Éphésiens : « *Estote*, leur dit-il, *imitatores Dei sicut filii carissimi, ut filii lucis ambulate* [9] ».

---

[1] *St Luc*, c. XXII, v. 42.

[2] *Id., ibid.*, v. 2.

[3] *St Jean*, c. I, v. 1.

[4] *Romains*, c. XV, v. 4.

[5] *I Corinthiens*, c. I, v. 23.

[6] *Id., ibid.*, v. 12.

[7] *II Corinthiens*, c. IX, v. 6.

[8] *Galates*, c. VI, v. 8.

[9] *Éphésiens*, c. V, v. 1.

— Fol. 125 (Début de l'épître aux Philippiens). — *Seconde invitation à marcher sur les traces du Maître.* — Saint Paul exhorte les Philippiens à faire passer en eux les sentiments du Sauveur : « *Hoc enim sentite in vobis quod et in Christo Jesu* [1] ».

— Fol. 131 (Début de l'épître aux Colossiens). — *Le mariage chrétien.* — L'apôtre a devant lui deux époux. « *Mulieres*, est-il censé dire à la femme, *subditæ estote viris sicut oportet in Domino* [2] ». — « *Viri*, est-il censé ajouter en se retournant vers l'homme, *diligite uxores vestras et nolite amari esse ad illas* [3] ».

— Fol. 138 (Début de la première épître aux Thessaloniciens). — *La vengeance est interdite.* — Saint Paul dit à un groupe de fidèles : « *Videte ne quis malum pro malo alicui reddat* [4] ».

— Fol. 144 (Début de la seconde épître aux Thessaloniciens). — *La loi du travail.* — « *Si quis non vult operari*, dit l'apôtre à ses auditeurs, *nec manducet* [5] ».

— Fol. 147 (Début de la première épître à Timothée). — *Excellence de la piété.* — Timothée costumé en évêque montre à l'apôtre un vieillard tout déguenillé qui est debout derrière lui, tenant d'une main un bâton et de l'autre une escarcelle. Il a l'air de dire à son maître : « Je pratique la charité envers les pauvres ». Saint Paul lui répond : « *Exerce te ad pietatem, nam pietas ad omnia utilis est* [6] ».

— Fol. 156 v° (Début de la deuxième épître à Timothée). — *Difficultés de la piété.* — Saint Paul dit à un évêque, probablement Timothée : « *Omnes qui pie volunt vivere in Christo persecutionem patientur* [7] ».

— Fol. 162 (Début de l'épître à Tite). — *Vertus requises pour l'épiscopat.* — Tite est debout devant son maître, revêtu de ses ornements d'évêque : « *Oportet episcopum*, lui dit Saint Paul, *sine crimine esse sicut Dei dispensatorem* [8] ».

— Fol. 165 v° (Début de l'épître à Philémon). — *Formule de salutation entre chrétiens.* — L'apôtre a à son côté un évêque [9], — peut-être Timothée dont il est question dans l'en-tête de l'épître — et il dit

---

[1] *Philippiens*, c. XI, v. 5.

[2] *Colossiens*, c. III, v. 18.

[3] *Id.* ibid., v. 19.

[4] I *Thessaloniciens*, C. V., v. 15.

[5] II *Thessaloniciens*, c. III, v. 10.

[6] I *Timothée*, c. IV, v. 8.

[7] II *Timothée*, c. III, v. 12.

[8] *Tite*, c. I, v. 7.

[9] Cet évêque, de même que ceux qui figurent dans les trois miniatures précédentes, pourrait très bien être Gui Bernard. Il offre, en effet, quelques traits de ressemblance avec le Gui Bernard de la miniature de Jean Foucquet. « En thèse générale, dit à ce sujet M. Paul Durrieu, le Gui Bernard de Foucquet est *plus vieux* et surtout *beaucoup plus gras*. » Mais il ne faut pas oublier qu'il y a une différence de plusieurs années entre les deux images ; ce qui est certain, c'est qu'on y retrouve deux traits communs : le grand nez et une bouche dédaigneuse aux deux coins très abaissés. En somme, je croirais assez que l'enlumineur du Ms. latin 11.978 a voulu représenter Gui Bernard. Mais il a été trahi par ses forces et il ne nous a laissé qu'un portrait très approximatif ne pouvant être comparé, pour la recherche de la ressemblance et le caractère de l'individualité, avec la délicieuse effigie minuscule de Jean Foucquet. (*Lettre* déjà citée.)

à un homme et à une femme qui sont placés en face de lui — probablement cette Appia et cet Archippus qui sont nommés au v° 2 : « *Gratia vobis et pax à Deo patre et Domino Jesu Christo.* »

— Fol. 167 (Début de l'épître aux Hébreux). — *Supériorité de l'auteur de la Loi nouvelle sur celui de la Loi ancienne.* — Groupe de Juifs auxquels saint Paul montre Notre-Seigneur qui apparaît dans sa gloire et leur dit : « *Amplioris enim gloriæ iste præ Moyse dignus est habitus quanto ampliorem honorem habet domus qui fabricavit illam* [1] ».

— Fol. 210 (Début des Actes des apôtres). — *Non possumus.* — Le sanhédrin défend aux apôtres de prêcher l'Évangile : « *Præcipiendo præcepimus vobis ne doceretis in nomine isto et ecce repletis Jerusalem doctrina vestra* [2] ». Éclairés par l'Esprit-Saint qui plane au-dessus d'eux, sous la forme d'une colombe, les apôtres répondent : « *Obedire oportet Deo magis quam hominibus* [3] ».

— Fol. 272 (Début de l'épître de saint Jacques). — *Les péchés de la langue.* — L'apôtre pose ce principe de morale en présence de plusieurs fidèles : « *Si quis in verbo non offendit, hic perfectus est vir* [4] ». Hélas ! sont censés lui répondre ses auditeurs : « *In multis offendimus omnes* [5] ».

— 282 v° (Début de la première épître de saint Pierre). — *Lutte contre la concupiscence.* — Saint Pierre s'adressant aux chrétiens : « *Abstinete vos*, leur dit-il, *à carnalibus desideriis que militant adversus animam* [6] ».

— Fol. 291 (Début de la seconde épître de saint Pierre). — *La transfiguration.* — Jésus apparaît enveloppé dans sa gloire. En haut, Dieu le père qui, en le contemplant, s'écrie : « *Hic est filius meus dilectus in quo mihi complacui* ». Au bas, les trois apôtres plongés dans l'extase. Saint Pierre tient une banderolle où on lit ces mots : « *Et hanc vocem nos audivimus de celo allatam cum essemus cum ipso in monte sancto* [7] ».

— Fol. 297 (Début de la première épître de saint Jean). — *Médiation de Notre-Seigneur-Jésus-Christ.* — Jésus est à genoux et prie devant un autel au sommet duquel apparaît Dieu le Père : « *Pater*, dit-il, *ignosce illis* ». A droite, saint Jean suivi d'un groupe de chrétiens, auxquels il explique cette scène : « *Si quis peccaverit*, dit-il, *advocatum habemus apud Patrem Jesum Christum* [8] ».

— Fol. 307 (Début de la deuxième épître de saint Jean) — *Le signe de la Charité.* — L'apôtre a devant lui plusieurs saintes femmes auxquelles il adresse ces paroles : « *Hæc est charitas ut ambulemus secundum mandata ejus* [9] ».

---

[1] *Hébreux*, c. III, v. 3.

[2] *Actes des Apôtres*, c. V., v. 28.

[3] *Id.* ibid. v. 29.

[4] *Saint Jacques*, c. III, v. 2.

[5] *Id.*, ibid.

[6] I *Saint Pierre*, c. II, v. 11.

[7] II *Saint Pierre*, c. I, v. 17 et 18.

[8] I *Saint Jean*, v. II, v. 1.

[9] II *Saint Jean*, v. 6.

— Fol. 309 (Début de la troisième épître de Saint Jean). — *Le bon exemple.* — Gaius, le destinataire de la lettre, est debout devant l'apôtre. Celui-ci lui dit : « *Noli imitari malum sed quod bonum est* [1] ».

— Fol. 310 (Début de l'épître de saint Jude). — *L'homicide.* — Un homme armé d'un poignard tient par les cheveux un autre homme de la bouche duquel sort du sang. L'apôtre montre ce spectacle au groupe de chrétiens qui l'entourent et s'écrie : « *Væ illis quia in viam Cain abierunt* [2] ».

— Fol. 314 (Début de l'Apocalypse). — *Mission prophétique de saint Jean.* — Un ange apparaît au disciple bien-aimé : *Oportet*, lui dit-il, *te iterum prophetare prophetias genti huic* [3] ». Saint Jean, à côté duquel se tient un aigle qui lui présente une plume, répond : « *Datus est mihi calamus* [4] ».

C'est par cette charmante miniature que se termine l'œuvre du vieux maître langrois.

D'après ce que nous avons dit, elle est la soixante-dix-septième de tout l'ouvrage.

Ce n'est pas seulement, on le voit, une galerie de tableaux qu'a mise sous nos yeux Guillaume Hugueniot, c'est tout un musée.

A l'interprétation historique, que nous venons de donner, des 77 toiles qui composent ce musée, il nous resterait, pour être complet, à ajouter ce que nous appellerions volontiers un commentaire artistique.

Cette partie de notre tâche n'est, certes, pas celle qui nous sourirait le moins.

Il y aurait, en effet, un très vif intérêt pour nous, par exemple, à examiner les procédés matériels d'enluminure de Hugueniot et à les comparer avec ceux des autres praticiens de la même époque [5]. — Son esthétique, d'autre part, sa manière de grouper, de draper ses personnages, la méthode qu'il suit pour peindre les paysages, pourraient également fournir matière à plus d'une curieuse remarque. — Ses types iconographiques et ses thèmes décoratifs, enfin, demanderaient, nous le sentons, à être rapprochés de

---

[1] III *Saint Jean*, v. 11.

[2] *Saint Jude*, v. 11.

[3] *Apocalypse*, c. X, v. 11.

[4] *Id.* c. XI, v. 1.

[5] Sur la technique des miniaturistes de la fin du Moyen âge, on peut voir : Lecoy de La Marche : *L'art d'enluminer* (Paris, Leroux, 1890, in-16 de 132 pp.)

ceux que l'on rencontre chez les miniaturistes antérieurs, contemporains ou postérieurs [1].

Une question, surtout, que nous aimerions à traiter serait celle du degré plus ou moins grand d'originalité du talent d'Huguenïot. Plusieurs enlumineurs avant lui, un grand nombre de graveurs et de dessinateurs après lui se sont occupés d'illustrer la Bible [2]. Quelle place lui revient parmi tous ces « historieurs » ? En quoi a-t-il été classique ? En quoi a-t-il fait preuve de personnalité ?

Tous ces problèmes assurément sont fort piquants. Leur discussion, malheureusement, exigerait un espace plus large que celui dont nous pouvons disposer ici. Nous devons nous contenter de les poser.

Quelle que soit, du reste, la solution qu'on leur donne, la conclusion à laquelle on aboutira sera forcément la même.

Cette conclusion c'est que, très important comme monument de l'histoire du livre dans notre cité, le manuscrit que nous venons de tirer de l'oubli, aussi complet qu'immérité, où, depuis trop longtemps il était enseveli [3], est, pour nous Haut-Marnais, au point de vue artistique, un morceau capital. Les miniatures qui en ornent les pages sont les plus anciennes peintures langroises que nous connaissons.

Leur exécution n'est peut-être pas, nous l'avons dit, de tout premier ordre, mais elle est du moins très remarquable, et volontiers nous écririons en tête de cette belle suite

---

[1] En ce qui concerne l'iconographie, on trouvera d'intéressants termes de comparaison dans les ouvrages suivants : Grimouard de Saint Laurent : *Guide de l'art chrétien. Études d'esthétique et d'iconographie.* (Paris, Didron, 1872-1876, 6 vol. in-8°.) — Didron : *Iconographie chrétienne. Histoire de Dieu.* (Paris, Imprimerie royale, 1843, in-4°.) — Rohault de Fleury (Ch., *L'Évangile. Études iconographiques et archéologiques.* (Tours, Mame, 1874, 2 vol. in-4°.) — Consulter aussi : Crosnier (Mgr) : *Iconographie chrétienne ou étude des sculptures, peintures, etc., qu'on rencontre sur les monuments religieux du Moyen âge.* (Tours, Mame, 1876, in-8° de 120 pp.). — Cloquet (L.) : *Éléments d'iconographie chrétienne. Types symboliques.* (Lille, Desclée, 1890, in-8° de 387 pp.).

[2] La bibliographie des bibles illustrées tant manuscrites qu'imprimées est, croyons-nous, encore à faire. — Parmi les bibles à gravures, les plus connues sont, par ordre chronologique, celles de Bernard-Salomon, dit le Petit Bernard [*Quadrins historiques de la Bible* (par Cl. Paradin (Lyon, Jean de Tournes, 1553, 3 vol. pet. in-8°.), de Bartholemy Honorati [*Figures de la Bible, déclarées par stances, par G. C. T.* (Gabriel Chappuis Tourangeau) augmentées de grand nombre de figures aux Actes des Apôtres. (Lyon, Bouquet, 1582, in-8°)], de Merian, *Icones Biblicæ præcipuas Sacræ Scripturæ historias eleganter et graphice representantes.* (Francfort, 1627, in-4°, de Sébastien Le Clerc *Histoire du Vieux et du Nouveau Testament par le sieur de Royaumont* (Paris, P. Le Petit, 1670, in-4°), de David Martin, *Histoire du Vieux et du Nouveau Testament.* Anvers (Amsterdam), Mortier, 1700, 2 vol. in-fol.), de Marillier, [*La Sainte Bible traduite en français, par Le Maistre de Sacy* (Paris, Defer de Maisonneuve, 1789-1804 12 vol. in-8°), de Schnorr de Carolsfeld, *Die Bibel in Bildern*, (Leipzig, Wigand, 1890, in-4°)], de Gustave Doré : [*La Sainte Bible. Traduction nouvelle, selon la Vulgate, par MM. J.-J. Bourassé et P. Janvier*, (Tours, Mame, 1866, 2 vol. in-fol.)].

[3] Ce travail d'exhumation, — c'est pour nous un devoir de le constater en finissant, — nous a été singulièrement facilité par la science et l'obligeance de M. Léopold Delisle. S'il est vrai, comme on l'a dit, qu'il y a des conseils et des encouragements qui équivalent à une collaboration, le nom de l'éminent directeur de la Bibliothèque nationale aurait droit de figurer à côté du nôtre, — avant le nôtre, tout naturellement — à la fin de ce Mémoire.

d'« histoires » qu'elles nous représentent, ces vers que, soixante-huit ans après l'achèvement de notre Nicolas de Lyra, un poète langrois, Nicolas Bourbon [1], plaçait au frontispice des *Icones historiarum Veteris Testamenti* [2] d'Holbein :

> ICONES HAE SACRÆ TANTI SUNT, OPTIME LECTOR,
> ARTIFICIS, DIGNUM QUOD VENERERIS OPUS.

L. MARCEL,

Préfet des Etudes au Petit Séminaire de Langres.

Langres, le 1ᵉʳ Juillet 1892.

---

[1] Bourbon, personne ne l'ignore, était originaire de Vandœuvre, village du département de l'Aube, qui alors faisait partie du diocèse de Langres. On peut voir à son sujet : Carré (Gustave) : *De vita et scriptis Nicolai Borbonii Vandoperani*. (Paris, Hachette, 1888, in-8° de 87 pp.) — Finot : *Notice biographique sur Nicolas Bourbon* (l'ancien) *poète latin du XVIᵉ siècle* (Annuaire administratif et statistique du département de l'Aube, 1854, p. 17). — Mercier de Compiègne : *Nicolai Borbonii, Ferraria et nugæ aliquot venustiores* (Paris, Le Mercier, 1796, in-8°). — Tartoir : *Nicolai Borbonii Vandoperani. Ferraria quam scripsit annum agens XIV*. (Auxerre, Perriquet et Rouillé, 1860, in-8° de 30 pp.). On a composé sur son compte cette épigramme qui est tout à son honneur et à l'honneur de Langres :

> MANTUA VIRGILIUS, TUMEAT VERONA CATULLIS,
> GAUDE T BORBONIO LINGONIS ORA SUO.

Son petit neveu, qui comme lui portait le prénom de Nicolas, fut chanoine de Langres et membre de l'Académie française. Cfr. Kerviler (René) : *Nicolas Bourbon (1574-1645). Étude sur sa vie et sur ses travaux* (Paris, Menu, 1878, in-8° de 68 pp.). — Finot : *Notice biographique sur Nicolas Bourbon* (le jeune), *poète latin du XVIIᵉ siècle* (Annuaire administratif...... de l'Aube, 1855, p. 43). — Lallemand (R. P.) : *De Parnasso oratoriano* (Paris, Thorin, in-8° de 115 pp.), chap. II.

[2] Lyon, Fr. Frellon, 1539, in-4° : *Carmen ad lectorem*. — Ces vers avaient été imprimés dès l'année précédente par Nicolas Bourbon dans l'édition qu'il donna de ses *Nugæ* chez les Gryphes de Lyon. Ils se retrouvent, tout naturellement, dans l'édition qui parut à Bâle, en 1540, sous ce titre : *Nicolai Borbonii Vandoperani Lingonensis. Nugarum libri octo, ab auctore recens aucti et recogniti* (Basileæ, apud Heredes Andreæ Cratandri, 1540, in-8°).

www.ingramcontent.com/pod-product-compliance
Lightning Source LLC
Chambersburg PA
CBHW030057230526
45471CB00003B/1127